U0571497

车辆零部件拆装与修配

		冯 艺	**主 编**
朱瑞丹	王耿东	臧晓辉	**副主编**
黄柳仙	陈志勇	陈湛军	
	黄鹏超	朱恩洲	**参 编**
		吴 星	**主 审**

北京理工大学出版社
BEIJING INSTITUTE OF TECHNOLOGY PRESS

内 容 简 介

　　《车辆零部件拆装与修配》是北京理工大学出版社出版的"高职高专机电类专业系列教材"之一，是我校装备制造大类专业，包括"双高计划"车辆工程机械专业群的专业基础教材。本教材根据《国家制图标准》和《钳工国家职业标准》规范编写而成，内容编排科学合理，符合技能人才培养的规律。

　　本教材共有3个项目，9个工作任务，包括车辆零部件认知、车辆零部件制图、车辆零部件修配等基础内容；以车辆典型零部件发电机为例，从认知—制图—修配过程编制职业技能训练项目，每个技能训练项目均按照【核心概念】、【学习目标】、【基本知识】、【能力训练】、【课后作业】5个阶段的基于工作过程的逻辑进行编排，充分体现了教材的职业性，助推"三教"改革有效落地和人才培养质量的提升。

　　本教材图文并茂、通俗易懂，在教材的章节中将文本、图片、动画等资源相互融合，以多种形式呈现教材内容，服务教学过程，满足当下教育信息化背景下的教学需要。教材理实一体、工学结合，不仅适用于我校装备制造大类十余个专业的学生使用，也可以作为企业的职业技术培训教材的参考用书。

版权专有　侵权必究

图书在版编目(CIP)数据

车辆零部件拆装与修配/冯艺主编. － － 北京:北京
理工大学出版社，2022.12
　　ISBN 978 － 7 － 5763 － 1867 － 8

　　Ⅰ.①车… 　Ⅱ.①冯… 　Ⅲ.①汽车 – 零部件 – 装配
(机械) – 高等职业教育 – 教材②汽车 – 零部件 – 维修 – 高等
职业教育 – 教材　Ⅳ.①U463

中国版本图书馆 CIP 数据核字(2022)第 228092 号

出版发行 / 北京理工大学出版社有限责任公司
社　　址 / 北京市海淀区中关村南大街 5 号
邮　　编 / 100081
电　　话 / (010)68914775(总编室)
　　　　　(010)82562903(教材售后服务热线)
　　　　　(010)68944723(其他图书服务热线)
网　　址 / http://www.bitpress.com.cn
经　　销 / 全国各地新华书店
印　　刷 / 三河市天利华印刷装订有限公司
开　　本 / 787 毫米×1092 毫米　1/16
印　　张 / 15　　　　　　　　　　　　　　　　　　　责任编辑 / 陈莉华
字　　数 / 347 千字　　　　　　　　　　　　　　　　文案编辑 / 陈莉华
版　　次 / 2022 年 12 月第 1 版　2022 年 12 月第 1 次印刷　　责任校对 / 刘亚男
定　　价 / 76.00 元　　　　　　　　　　　　　　　　责任印制 / 李志强

图书出现印装质量问题，请拨打售后服务热线，本社负责调换

　　"车辆零部件拆装与修配"课程的主要任务是培养学生具有能够识读、绘制简单车辆零件图和制作简单汽车零部件的能力，为后续课程"汽车发动机构造与维修""汽车底盘构造与维修""汽车电器设备构造与维修""工程机械构造与维修""汽车修理工等级考核"等专业核心课程的学习做好必要的理论与操作技能准备。"车辆零部件拆装与修配"课程分为3大项目模块，共9个工作任务。主要内容有车辆零部件认知、车辆零部件制图和车辆零部件修配。课程内容涵盖了车辆拆装知识、车辆识图知识和机械加工知识，是"机械基础""机械制图""互换性测量技术""基础机械加工与装配"等4门传统课程体系知识的综合。

　　本课程由专任教师与企业人员共同开发设计，针对汽车维修相关岗位群职业能力要求和职业发展的需要设计本课程教学目标。本课程采用基于工作过程的课程方案设计，按企业实际生产过程为导向，以工作任务为载体，实现理实一体化教学；将传统课程体系的"机械基础知识""机械制图知识""互换性测量技术知识""机械加工与装配知识"进行排列、组合，按照职业能力培养的要求，把知识点解构在若干个学习情境当中，以行动导向组织教学过程，使学生在熟练运用基本操作技能的同时，掌握相应的理论知识。

　　本课程采用理论与实训一体化教学模式，在教学过程中，学生既是教学对象，同时又作为生产人员参与到每个工作任务中。通过广泛的生产实习，使学生在劳动态度、职业素养和专业技能上得到全面提升。

　　《车辆零部件拆装与修配》的编写主要由柳州职业技术学院"车辆零部件拆装与修配"课程教学团队完成。其中，项目1由冯艺、陈志勇和朱恩洲老师编写；项目2的工作任务1由冯艺和臧晓辉老师编写，工作任务2、工作任务3由王耿东和陈湛军老师编写，工作任务4、工作任务5由朱瑞丹和黄鹏超老师编写；项目3由王耿东和黄柳仙老师编写。

　　由于作者水平有限，加之时间仓促，本书难免存在错误，承望读者给予批评指正。通过今后的教学使用，还需要对本书不断地改进和完善，以进一步适应教学和维修生产的实际需要。

编　者

目 录

车辆零部件拆装与修配是一门综合的多学科工程，通过拆装认知发电机。图 1.1 所示为车辆发电机结构。拆装实习的目的：

（1）使学生掌握汽车各零部件及其相互间的组成关系、拆装方法和步骤及注意事项。

（2）巩固和加强汽车构造及其理论知识，为后续课程的学习奠定必要的基础。

（3）学习正确使用拆装设备、工具的方法。

（4）锻炼和培养学生的动手能力和团队协作精神及语言表达能力。

（5）了解安全操作常识，熟悉零部件拆装后的正确位置、分类及清洗方法，培养良好的工作和生产习惯。

图 1.1　车辆发电机结构

工作任务 1

发电机零件结构认知

图 1.2 所示为车辆发电机零件图。

汽车发电机的主要功能是：在发动机正常运转时，向除起动机外的所有用电设备供电，同时向蓄电池充电，发电机是汽车的主要电源。汽车发电机由转子、定子、整流器和端盖组成，其可分为直流发电机和交流发电机。

汽车发电机的工作原理是：当外电路通过电刷使励磁绕组通电时，便会产生磁场，同时使爪极磁化为 N 极和 S 极。

汽车发电机的使用注意事项：

（1）经常清洁发电机外表的积垢和尘土，保持清洁和通风良好。

（2）定期检查与发电机相关的各紧固件的紧固情况，及时紧固各部螺钉。

（3）发电机出现故障不发电时，要及时排除。

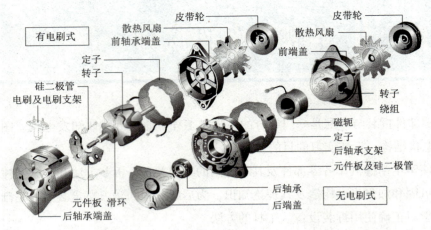

图 1.2　车辆发电机零件

项目 1 任务 1
职业能力 1

职业能力 1　能拆装发电机零部件

职业能力要求：通过拆装车辆发电机，初步认识车辆零部件的内部结构和工作原理，为后续的车辆零部件制图及车辆零部件修配做准备。

一、核心概念

（1）发电机：是指将其他形式的能源转换成电能的机械设备，可以分为直流发电机和交流发电机。

（2）原理图：是指使用电子元器件电气图形符号以及导线等工具描述电路中各元件之间的连接关系的图纸，反应的是电路板上各个元器件之间的物理接线关系、电子元器件的电气特性等。

（3）扳手：主要用来拆装有棱角的螺栓和螺母的工具。

二、学习目标

（1）认识发电机结构组成及工作原理。
（2）会使用发电机拆卸工具。
（3）能按照要求拆卸发电机零件。

三、基本知识

发电机是用来给车辆上的所有用电设备供电和给蓄电池进行充电的部件，可以分为直流发电机和交流发电机。现在的汽油电喷发动机，都是采用三相电磁交流发电机，如图 1.3（a）所示。

发电机的工作原理如图 1.3（b）所示，当外电路通过电刷使励磁绕组通电时，便产生磁场，使爪极被磁化为 N 极和 S 极。当转子旋转时，磁通交替地在定子绕组中变化，根据电磁感应原理可知，定子的三相绕组中便产生交变的感应电动势，这就是交流发电机的发电原理。由原动机（即发动机）拖动直流励磁的同步发电机转子，以转速 n（r/min）旋转，三相定子绕组便感应交流电动势。定子绕组若接入用电负载，发电机就有交流电能输出，经过发电机内部的整流桥将交流电转换成直流电从输出端子输出。

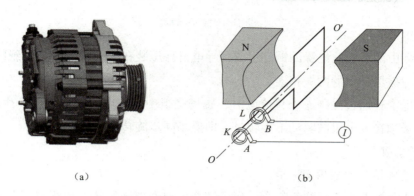

（a）　　　　　　　　　　　　　　　　　（b）

图 1.3　发电机的结构和工作原理

（a）发电机结构；（b）发电机工作原理

（一）交流发电机的结构和工作原理

1. 交流发电机的组成

交流发电机一般由转子总成、定子总成、整流器总成、端盖、皮带轮、风扇等组成，如图 1.4 所示。

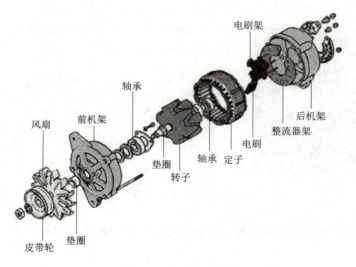

图 1.4　发电机的组成

1）转子总成

转子的功用是产生旋转磁场。

转子由爪极、磁轭、磁场绕组、导电滑环、转子轴组成，如图 1.5 所示。

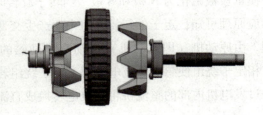

图1.5　转子结构

导电滑环由两个彼此绝缘的铜环组成，导电滑环压装在转子轴上并与轴绝缘，两个导电滑环分别与磁场绕组的两端相连。

当两导电滑环通过炭刷通入直流电时，磁场绕组中就有电流通过，并产生轴向磁场，当发电机转子轴在发电机的驱动下旋转时，即磁场同步旋转。

2）定子总成

定子的功用是产生三相交流电。

定子由定子铁芯和定子绕组组成：定子铁芯由内圈带槽的硅钢片叠成，定子绕组的导线就嵌放在铁芯的槽中。

定子绕组有三个线圈，又称为三相绕组。三个线圈的连接方式有星形接法（Y接）或三角形接法（△接），都能产生三相交流电。

星形接法应用于汽车大部分的发电机，三个线圈的公共端称为中性点，用 N 表示，中性点 N 常用于控制充电指示系统，如图1.6所示。三角形接法用于提高发电机的输出功率。

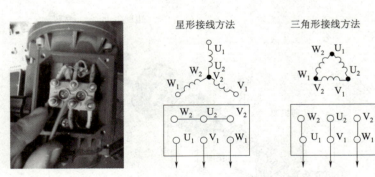

图1.6　三相交流发电机星形连接与三角形连接

三相绕组必须按一定要求绕组制，才能使之获得频率相同、幅值相等、相位互差120°的三相电动势。

3）整流器

发电机的三相绕组输出的是三相交流电，而汽车用电系统采用的直流电，在发电机内部设有整流器，用于将交流电转变为直流输出，如图1.7所示。

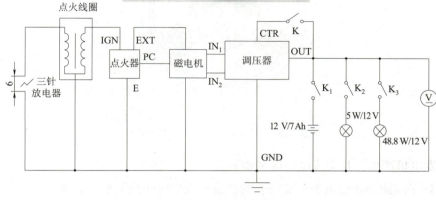

图 1.7 整流器工作原理

2. 交流发电机产生三相交流电的原理

交流发电机的工作原理是利用导线切割磁力线感应出电动势的电磁感应原理，将原动机的机械能转变为电能输出。同步发电机由定子和转子两部分组成。定子是发出电力的电枢，转子是磁极。定子由电枢铁芯、均匀排放的三相绕组及机座和端盖等组成。转子通常为隐极式，由励磁绕组、铁芯和轴、护环、中心环等组成，如图 1.8 所示。

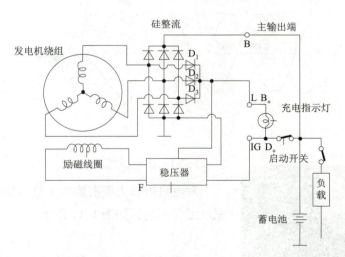

图 1.8 交流发电机的原理图

转子的励磁绕组通入直流电流，产生接近于正弦分布的磁场（称为转子磁场），其有效励磁磁通与静止的电枢绕组相交链。如图 1.9 所示，转子旋转时，转子磁场随同一起旋转，每转一周，磁力线顺序切割定子的每相绕组，在三相定子绕组内感应出三相交流电动势，通过接线端子引出，接在回路中，便产生了电流。

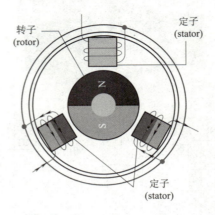

图 1.9　交流发电机的转子和定子

交流发电机产生三相交流电的原则如下。

（1）转子线圈必须通电产生磁场：通过蓄电池给转子线圈通入直流电，转子线圈产生磁场。

（2）发电机工作驱动转子旋转：即使磁场旋转，定子线圈切割磁力线，在定子线圈中产生交流电。因三个定子线圈的分布决定了三个线圈产生的交流电相位相差 120°，因此称之为三相交流电。

（3）定子线圈输出的交流电压的幅值与发电机转速成比例增大，如图 1.10 所示。调节器调控转子线圈的通电电流的大小，从而控制发电机的输出电压。

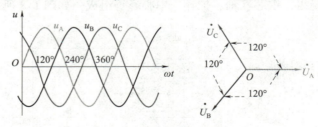

图 1.10　三相交流电图

图 1.11　发电机拆卸图

（二）发电机拆卸工具

发电机拆卸主要需要的工具包括扳手、三爪拉马、螺丝刀等工具，如图 1.11 所示。

1. 扳手

扳手主要用来拆装有棱角的螺栓和螺母，如图 1.12 所示。汽车发电机拆装常用的扳手有呆扳手、梅花扳手、两用扳手、套筒扳手、活动扳手、扭力扳手和棘轮扳手等。

图 1.12　扳手

2. 三爪拉马

三爪拉马是机械维修中经常使用的工具，如图 1.13 所示。三爪拉马主要用来将损坏的轴承从轴上沿轴向拆卸下来，可用作内部或外部的拉拔器。三爪拉马分为手动拉马和液压拉马。

图 1.13　三爪拉马

3. 螺丝刀

螺丝刀是一种用来拧转螺丝以使其就位的常用工具，通常有一个薄楔形头，可插入螺丝钉头的槽缝或凹口内，如图 1.14 所示。

图 1.14　螺丝刀

（三）发电机的拆卸步骤

（1）拆下发电机皮带轮的紧固螺母，并取出螺母与皮带轮。

（2）先拧下发电机后端的电压调节器罩盖螺丝。

（3）再拧下后端盖与发电机后盖的紧固螺丝。

（4）取出后端盖。

（5）拧下发电机电压调节器的各紧固螺丝，再取出调节器与磁场炭刷架。

（6）拧下发电机硅整流器的各颗紧固螺丝。

（7）取出硅整流器与输出线束接线柱。

（8）拧下发电机后端盖与前端盖的各颗紧固螺母。

（9）将前端盖与后端盖分离，同时取出转子绕组总成与绝缘垫圈。

（10）拧出轴承挡板的紧固螺丝，并取出。

（四）发电机的安装步骤

（1）在装复前，先用细砂纸对发电机转子滑环接触面进行打磨。

（2）装上轴承挡板，并拧紧紧固螺丝。

（3）将发电机前端盖与转子绕组总成装入发电机后端盖。

（4）拧紧各颗紧固螺母。

（5）装上输出线束接线柱绝缘块。

（6）装上硅整流器。

（7）将各颗紧固螺丝拧紧。

（8）装上发电机电压调节器，并拧紧各紧固螺丝。

（9）装上磁场炭刷架并拧紧螺丝。

（10）装上皮带轮，并拧紧螺母。

（11）装上发电机后端盖与 B 接线柱绝缘套，并拧紧螺母，拧紧发电机后防护盖的各颗螺丝。

四、能力训练

（一）操作条件

（1）车辆拆卸钳工实训室 300 m^2。

（2）车辆拆卸工作台 30 张。

（3）拆卸工具：拔盘器、橡胶锤、开口梅花两用扳手、三爪拉马和螺丝刀等。

（4）测量工具：直尺、三角板、游标卡尺、笔和纸等。

（二）安全及注意事项

（1）明确拆卸范围，严禁随意拆卸，以防损坏机件、缩短机器的使用寿命。

（2）拆卸前应清洁和布置好工作场所，准备好工作台和拆卸工具，将机器表面上的尘土和油污清除干净。

（3）必须按照正确的步骤和方法拆卸发电机，拆卸前应仔细观察所拆卸的机件连接方式，以及与相近件的关系，明确拆卸步骤和方法，防止盲目乱拆、不记手位，以免造成机件损坏或拆下后不能装复。

（4）注意选择正确的拆卸工具，保持工具的清洁。

（5）卸下的螺栓、螺钉、螺母、垫圈和其他零件，应按顺序成套成组分别放置，避免装错。

（6）拆卸磁电机盘、电刷架等机件时，应做好记号，避免安装时错位，减少调整时的麻烦。

（7）工具和零件要分别放置，细小零件和易损零件要专门存放，以防丢失或损坏。

（8）严禁带电作业，拆卸发电机时，必须切断电源。

（三）操作过程

发电机拆卸与安装操作过程分别见表1.1、表1.2。

表1.1　发电机拆卸操作步骤

序号	步　骤	操作方法	操作记录
1	拆卸发电机风扇导流板		
2	拆卸整流器总成		
3	拆卸发电机后端盖		

序号	步　骤	操作方法	操作记录
4	拆卸发电机皮带轮		
5	使用拔盘器拔出前端盖		
6	分离定子、转子		

表 1.2　发电机安装操作步骤

序号	步　骤	操作方法	操作记录
1	将转子安装在前端盖上	 将前端盖、垫圈、风扇、半圆键、风扇前面垫片及皮带轮依次装到转子轴上，并用锁紧螺母拧紧。许多发电机的后轴承均为密封轴承，装配前应加油润滑，其方法是：用刀片撬开密封盖，把轴承清洗干净，将轴承填充润滑脂（1～3 号复合钙钠基脂或 2 号低温润滑脂）润滑。填充量为轴承空间的 2/3	

序号	步　骤	操作方法	操作记录
2	使用橡胶锤安装紧固发电机皮带轮		
3	使用快速扳手安装紧固皮带轮螺母		
4	安装发电机后端盖		
5	安装二极管总成；安装电压调节器；安装风扇导流板	后端盖与定子总成结合，装上中性点连接螺栓（中性点连接螺栓与后端盖绝缘）及硅整流元件板	

序号	步骤	操作方法	操作记录
6	燃油汽车发电机安装完成	 装上元件板护罩（由于元件板护罩与中性点连接螺栓、电枢接线柱绝缘，安装时应垫上绝缘垫圈）	

（四）学习结果评价

对发电机的拆卸与安装操作进行评价，完成表1.3、表1.4的填写。

表1.3 发电机拆卸操作评分标准

<table>
<tr><td rowspan="3">基本信息</td><td>姓名</td><td></td><td>学号</td><td></td><td>班级</td><td></td><td>组别</td><td></td></tr>
<tr><td>角色</td><td colspan="2">主修人员□ 辅修人员□</td><td>工具管理□</td><td>零件摆放□</td><td>安全监督□</td><td>质量检验□</td><td>6S监督□</td></tr>
<tr><td>规定时间</td><td colspan="2">完成时间</td><td>考核日期</td><td></td><td colspan="2">总评成绩</td><td></td></tr>
<tr><td rowspan="7">考核内容</td><td rowspan="2">序号</td><td colspan="2" rowspan="2">步骤</td><td colspan="3">完成情况</td><td rowspan="2">标准分</td><td rowspan="2">评分</td></tr>
<tr><td colspan="2">完成</td><td>未完成</td></tr>
<tr><td>1</td><td colspan="2">拆卸发电机风扇导流板</td><td colspan="2"></td><td></td><td>10</td><td></td></tr>
<tr><td>2</td><td colspan="2">拆卸整流器总成</td><td colspan="2"></td><td></td><td>10</td><td></td></tr>
<tr><td>3</td><td colspan="2">拆卸发电机后端盖</td><td colspan="2"></td><td></td><td>10</td><td></td></tr>
<tr><td>4</td><td colspan="2">拆卸发电机皮带轮</td><td colspan="2"></td><td></td><td>10</td><td></td></tr>
<tr><td>5</td><td colspan="2">使用拔盘器拔出前端盖</td><td colspan="2"></td><td></td><td>10</td><td></td></tr>
<tr><td>6</td><td colspan="2">分离定子、转子</td><td colspan="2"></td><td></td><td>10</td><td></td></tr>
<tr><td>6S管理</td><td>整理、整顿、清扫、清洁、素养、安全</td><td colspan="5"></td><td>10</td><td></td></tr>
<tr><td>团队协作</td><td colspan="6"></td><td>10</td><td></td></tr>
<tr><td>沟通表达</td><td colspan="6"></td><td>10</td><td></td></tr>
<tr><td>工单填写</td><td colspan="6"></td><td>10</td><td></td></tr>
<tr><td>教师评语</td><td colspan="8"></td></tr>
</table>

表 1.4　发电机安装操作评分标准

基本信息	姓名		学号		班级		组别	
	角色	主修人员□　辅修人员□　工具管理□　零件摆放□　安全监督□　质量检验□　6S监督□						
	规定时间		完成时间		考核日期		总评成绩	
考核内容	序号	步　骤		完成情况		标准分	评分	
				完成	未完成			
	1	将转子安装在前端盖上				10		
	2	使用橡胶锤安装紧固发电机皮带轮				10		
	3	使用快速扳手安装紧固皮带轮螺母				10		
	4	安装发电机后端盖				10		
	5	安装二极管总成；安装电压调节器；安装风扇导流板				10		
	6	燃油汽车发电机安装完成				10		
6S 管理	整理、整顿、清扫、清洁、素养、安全					10		
团队协作						10		
沟通表达						10		
工单填写						10		
教师评语								

五、课后作业

1. 交流发电机的组成有哪些？

2. 交流发电机产生三相交流电的原理是什么？

3. 简述发电机的拆装步骤。

项目 1 任务 1
职业能力 2

职业能力 2 能测量发电机零件尺寸

职业能力要求：通过对汽车零件尺寸的测量（见图 1.15），加深对车辆零部件内部结构和工作原理的了解，初步学会使用测量工具，为后续的车辆零部件制图及车辆零部件修配做准备。

图 1-15 车辆零件尺寸测量

一、核心概念

（1）游标卡尺：是一种测量长度、内外径、深度的量具。

（2）直尺：简称间尺，具有精确的直线棱边，用来测量长度和作图。广泛应用于数学、测量、工程等学科领域。

（3）千分尺：一般指螺旋测微器。螺旋测微器又称千分尺（Micrometer Screw）、螺旋测微仪、分厘卡，是比游标卡尺更精密的测量长度的工具，用它测长度可以准确到 0.01 mm，测量范围为几厘米。

二、学习目标

（1）会使用各种测量工具。

（2）能正确测量发电机各零件尺寸。

三、基本知识

（一）游标卡尺

游标卡尺是一种测量长度、内外径、深度的量具，如图 1.16 所示。游标卡尺由主尺和附在主尺上能滑动的游标两部分构成。主尺一般以毫米为单位，而游标上则有 10、20 或 50 个分格，根据分格的不同，游标卡尺可分为十分度游标卡尺、二十分度游标卡尺、五十分度游标卡尺，这些游标卡尺对应的读数精度分别为 0.1 mm、0.05 mm、0.02 mm。

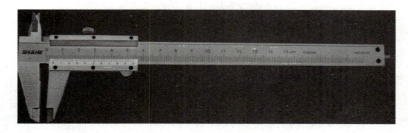

图 1.16　游标卡尺

1. 游标卡尺的组成

游标卡尺主要由尺身及能在尺身上滑动的游标组成，包括尺身、内外测量爪、紧固螺钉、游标尺和深度尺，如图 1.17 所示。

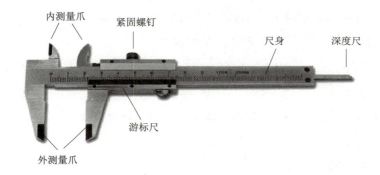

图 1.17　游标卡尺的结构

2. 游标卡尺的读数方法

如图 1.18 所示，以刻度值 0.02 mm 的精密游标卡尺为例，具体如何读数，可分为三个步骤：

（1）根据副尺零线以左的主尺上的最近刻度读出整毫米数。

（2）根据副尺零线以右与主尺上的刻度对准的刻线数乘以 0.02 读出小数。

（3）将上面整数和小数两部分加起来，即为总尺寸。

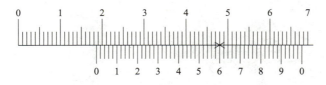

图 1.18　游标卡尺读数

副尺 1 小格为：49/50 = 0.98（mm），主尺 1 小格与副尺 1 小格之差为：1 – 49/50 = 0.02（mm）。

如图 1.18 所示，副尺零线所对主尺前面的刻度为 18 mm，副尺零线后的第 30 条线与主尺的一条刻线对齐，副尺零线后的第 30 条线表示：

$$0.02 \times 30 = 0.6 \ (\text{mm})$$

所以被测工件的尺寸为：

$$18 + 0.6 = 18.6 \ (\text{mm})$$

3. 游标卡尺的使用方法

将测量爪并拢，查看游标和主尺身的零刻度线是否对齐。如果对齐就可以进行测量；如没有对齐则要记取零误差，游标的零刻度线在尺身零刻度线右侧的叫正零误差，在尺身零刻度线左侧的叫负零误差（这种规定方法与数轴的规定一致，原点以右为正，原点以左为负）。

图 1.19　游标卡尺测量方法

测量时，右手拿住尺身，大拇指移动游标，左手拿待测外径（或内径）的物体，使待测物位于外测量爪之间，当与测量爪紧紧相贴时，即可读数，如图 1.19 所示。

4. 游标卡尺的应用

游标卡尺作为一种常用量具，其可具体应用在以下四个方面。

（1）测量工件宽度。

（2）测量工件外径。

（3）测量工件内径。

（4）测量工件深度。

这四个方面的具体测量方法如图 1.20 所示。

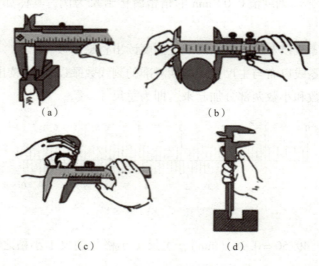

图 1.20　游标卡尺测量范围

(a) 测量工件宽度；(b) 测量工件外径；(c) 测量工件内径；(d) 测量工件深度

5. 使用注意事项

游标卡尺是比较精密的量具，使用时应注意以下事项：

（1）使用前，应先擦干净两测量爪测量面，合拢两测量爪，检查副尺零线与主尺零线是否对齐，若未对齐，应根据原始误差修正测量读数。

（2）测量工件时，测量爪测量面必须与工件的表面平行或垂直，不得歪斜，且用力不能过大，以免测量爪变形或磨损，影响测量精度。

（3）读数时，视线要垂直于尺面，否则测量值不准确。

（4）测量内径尺寸时，应轻轻摆动，以便找出最大值。

（5）游标卡尺用完后，应仔细擦净，抹上防护油，平放在盒内，以防生锈或弯曲。

（二）钢直尺

钢直尺是最简单的长度量具，它的长度有 150 mm、200 mm、300 mm 和 500 mm 四种规格，如图 1.21 所示。

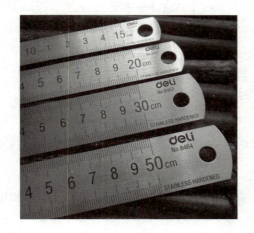

图 1.21　各种类型钢直尺

钢直尺用于测量零件的长度尺寸，它的测量结果不太准确。这是由于钢直尺的刻线间距为 1 mm，而刻线本身的宽度就有 0.1～0.2 mm，所以测量时读数误差比较大，只能读出毫米数，即它的最小读数值为 1 mm，比 1 mm 小的数值，只能估计而得。

1. 钢直尺的测量原则

（1）使用钢直尺时，应以左端的零刻度线为测量基准，这样不仅便于找正测量基准，而且便于读数。测量时，尺要放正，不得前后左右歪斜。否则，从直尺上读出的数据会比被测的实际尺寸大。

（2）用钢直尺测量圆截面直径时，被测面应平稳，使尺的左端与被测面的边缘相切，摆动尺子找出最大尺寸，即为所测直径。

2. 钢直尺的清洁保养

（1）在每次使用完毕后应做清洁，但不做记录。

（2）以干净拭布擦拭直尺的外表，并擦拭干净。

（3）在每天清洁完毕后应做保养，但不做记录。

（4）必要时以防锈油擦拭游标卡尺的外表，以防止生锈。

（三）外径千分尺

1. 外径千分尺的结构分类

如图 1.22 所示，外径千分尺的结构由固定的尺架、测砧、测微螺杆、螺纹套管、固定套管、微分筒、测力装置、锁紧装置等组成。固定套管上有一条水平线，这条线上、下各有一列间距为 1 mm 的刻度线，上面的刻度线恰好在下面两相邻刻度线中间。微分筒上的刻度线是将圆周分为 50 等份的水平线，它是旋转运动的。

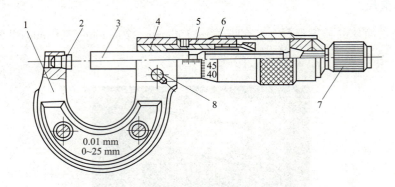

图 1.22　外径千分尺结构

1—尺架；2—测砧；3—测微螺杆；4—螺纹套管；5—固定套管；

6—微分筒；7—测力装置；8—锁紧装置

从读数方式上来看，常用的外径千分尺有普通式、带标式和电子数显式三种类型，如图 1.23 所示。

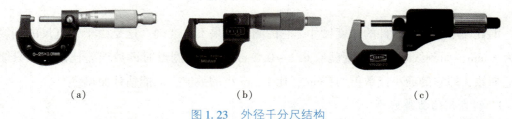

（a）　　　　　　　　　　　（b）　　　　　　　　　　　（c）

图 1.23　外径千分尺结构

（a）普通式；（b）带标式；（c）电子数显式

2. 外径千分尺的使用方法

（1）使用前应先检查零点，方法是缓缓转动保护旋钮，使测微螺杆（活动小砧）和测砧（固定小砧）接触，到棘轮发出声音为止，此时可动尺（活动套筒）上的零刻线应当和固定套管上的基准线（长横线）对正，否则有零误差。

（2）左手持曲柄（U 形框架），右手转动大旋钮 K 使测微螺杆与测砧间距稍大于被测物，放入被测物，转动保护旋钮直到夹住被测物，棘轮发出声音为止。

（3）拨固定旋钮使测微螺杆固定后进行读数。

3. 外径千分尺的读数

根据螺旋运动原理，当微分筒（又称可动刻度筒）旋转一周时，测微螺杆前进或后退一个螺距——0.5 mm。这样，当微分筒旋转一个分度后，它转过了1/50周，这时测微螺杆沿轴线移动了1/50×0.5 mm=0.01 mm，因此，使用千分尺可以准确读出0.01 mm的数值，如图1.24所示。

外径千分尺的测量读数=固定刻度+半刻度+可动刻度（+估读位）

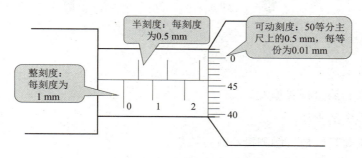

图1.24　外径千分尺微分筒

图1.24的读数为：

$$L = 2 + 0.5 + 0.460 = 2.960 \ （mm）$$

4. 外径千分尺使用注意事项

（1）转动保护旋钮时不可太快，否则由于惯性会使接触压力过大导致被测物变形，造成测量误差。更不可直接转动大旋钮去使测微螺杆夹住被测物，这样往往压力过大使测微螺杆上的精密螺纹变形，损伤量具。

（2）被测物表面应光洁，不允许把测微螺杆固定而将被测物强行卡入或拉出，那会划伤测微螺杆和测砧经过精密研磨的端面。

（3）轻拿轻放，防止掉落摔坏。

（4）用毕放回盒中，存放中测微螺杆和测砧不要接触，若长期不用，要涂油防锈。

（四）百分表

1. 百分表的结构

百分表的工作原理：带有测量头的测量杆，相对刻度表盘进行平行直线运动，并把直线运动转变为回转运动传送到主指针上，且主指针会把测量杆的运动量显示到圆形表盘上。百分表的结构主要由3个部件组成：表体部分、传动系统、读数装置（见图1.25）。具体包括表体、挡帽、耳环、测量头、测量杆、轴套、表盘、转数指示盘、转数指针（短针）、主指针（长针）、表圈、界限指针。

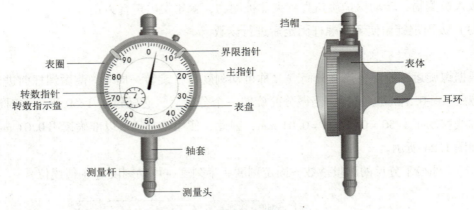

图 1.25　百分表结构

2. 百分表的使用方法

（1）测量面与测量杆要垂直。

（2）使用规定的支架。

（3）测量头要轻轻地接触测量物或方块规。

（4）测量圆柱形产品时，测量杆轴线要与产品直径方向一致。

3. 百分表的读数

百分表的读数方法，长针的一回转等于测量杆的 1 mm，长针可以读到 0.01 mm。刻度盘上的转数指针，以长针的一回转（1 mm）为一个刻度。

（1）盘式指示器的指针随测量轴的移动而改变，因此测量时只需读指针所指的刻度即可，图 1.26 所示为测量高度的示例图，首先将测量头端子接触到下段，把指针调到 "0" 位置，然后把测量头调到上段，读指针所指示的刻度即可。

（2）百分表的一个刻度是 0.01 mm，若长针指到 10，则台阶高差是 0.1 mm。

（3）测量物若是 4 mm 或 5 mm，则长针会不断地回转，最后看短针所指的刻度，然后加上长针所指的刻度。

由于百分表读数值 = 短针刻度 + 长针刻度 × 0.01，所以图 1.26 所示读数值为：

$$H = 1 + 12 \times 0.01 = 1.12 \ （mm）$$

图 1.26　百分表读数

四、能力训练

（一） 操作条件

（1） 车辆拆卸钳工实训室 300 m²。

（2） 车辆拆卸工作台 30 张。

（3） 拆卸工具：拔盘器、橡胶锤、开口梅花两用扳手、三爪拉马和螺丝刀等。

（4） 测量工具：直尺、三角板、游标卡尺、千分尺、百分表、笔和纸等。

（二） 安全及注意事项

（1） 注意选择正确的拆卸工具，保持工具的清洁。

（2） 卸下的螺栓、螺钉、螺母、垫圈和其他零件，应按顺序成套成组分别放置，避免装错。

（3） 对于测量工具，要注意整洁、干净，避免生锈。

（4） 工具和零件要分别放置，细小零件和易损零件要专门存放，以防丢失或损坏。

（5） 测量时注意轻拿轻放，避免损坏测量工具。

（三） 操作过程

发电机测量操作步骤如表 1.5 所示，并做好操作记录。

表 1.5 发电机测量操作步骤

序号	步　　骤	操作方法	操作记录
1	发电机整体尺寸测量	（1） 利用直尺测量发电机总体长度； （2） 利用游标卡尺测量总直径	
2	发电机后盖直径尺寸测量	（1） 利用直尺测量后盖长度； （2） 利用游标卡尺测量后盖直径	

续表

序号	步　骤	操作方法	操作记录
3	发电机转轴尺寸测量	（1）利用直尺测量转轴长度； （2）利用游标卡尺测量转轴直径 	
4	发电机带轮尺寸测量	（1）利用游标卡尺测量带轮直径； （2）利用游标卡尺测量带轮宽度 	
5	发电机带轮螺母尺寸测量	（1）利用游标卡尺测量螺母直径； （2）利用游标卡尺测量螺母宽度 	
6	发电机带轮垫圈尺寸测量	（1）利用游标卡尺测量垫圈直径； （2）利用游标卡尺测量垫圈宽度 	

（四）学习结果评价

对发电机测量操作进行评价，并完成表1.6的填写。

表 1.6　发电机测量操作评分标准

基本信息	姓名		学号		班级		组别	
	角色	主修人员□	辅修人员□	工具管理□	零件摆放□	安全监督□	质量检验□	6S 监督□
	规定时间		完成时间		考核日期		总评成绩	
考核内容	序号	步　骤		完成情况		标准分	评分	
				完成	未完成			
	1	发电机整体尺寸测量				10		
	2	发电机后盖直径尺寸测量				10		
	3	发电机转轴尺寸测量				10		
	4	发电机带轮尺寸测量				10		
	5	发电机带轮螺母尺寸测量				10		
	6	发电机带轮垫圈尺寸测量				10		
6S 管理	整理、整顿、清扫、清洁、素养、安全					10		
团队协作						10		
沟通表达						10		
工单填写						10		
教师评语								

五、课后作业

（一）选择题

1. 测量轴直线度偏差的常用量具是（　　　）。

A. 外径千分尺　　　　　B. 千分表　　　　　　　C. 钢板尺　　　　　　D. 游标卡尺

2. 测量直径为 $\phi 25 \pm 0.015$ 的轴颈，应选用的量具是（　　　）。

A. 游标卡尺　　　　　B. 杠杆百分表　　　　　C. 内径千分尺　　　　D. 外径千分尺

3. 用量具测量读数时，目光应（　　　）量具的刻度。

A. 垂直于　　　　　　B. 倾斜于　　　　　　　C. 平行于　　　　　　D. 任意

4. 测量外尺寸时，应先使游标卡尺测量爪间距略大于被测工件的尺寸，再使工件与固定测量爪贴合，然后使活动测量爪与被测工件表面接触，稍微游动一下活动测量爪，找出（　　　）尺寸。

A. 平均　　　　　　　B. 合适　　　　　　　　C. 最小　　　　　　　D. 最大

5. 测量内孔尺寸时，应使游标卡尺测量爪间距略小于被测工件尺寸，将测量爪沿着孔的中心线放入，使固定测量爪与孔边接触，然后使活动测量爪在被测工件孔内表面稍微游动一下，找出（　　）尺寸。

A. 最大 　　　B. 合适 　　　C. 最小 　　　D. 平均

6. 读数时，应把游标卡尺水平地拿着朝亮光的方向，使视线尽可能地和表盘垂直，以免由于视线歪斜而引起（　　）误差。

A. 测量 　　　B. 视觉 　　　C. 读数 　　　D. 估读

7. 测量前，对好零位，正确的零位是：当千分尺两测量面接触时，微分筒棱边接触固定套管零刻线，固定套管上的（　　）对准微分筒上零刻线。

A. 纵刻线 　　　B. 零位 　　　C. 横刻线 　　　D. 刻线

8. 外径千分尺的测量力为 5～10 N，具体由测力装置决定，使用时最多转动（　　）圈即可。

A. 1 　　　B. 2 　　　C. 3 　　　D. 4

9. 百分表应怎样使用才能使测试数据准确？（　　）

A. 用手拿住表盘直接测试产品

B. 应牢固地装夹在表架夹具上，用手拿住产品测试

C. 应牢固地装夹在表架夹具上，将产品放置于测试平台上测试

D. 没有规定要求

10. 游标卡尺是否可当作其他工具使用？（　　）

A. 游标卡尺不可以当作其他工具使用 　　　B. 游标卡尺可以当作榔头敲击工件

C. 游标卡尺的测量爪可以当划线工具使用 　　　D. 游标卡尺可以当作千分尺用

（二）判断题

1. 高度游标卡尺可以用来划线，它既可以给半成品划线，也可以给毛坯划线。（　　）

2. 用千分尺测量工件时，可一边轻轻转动工件一边测量。（　　）

3. 使用量具测量时，不可施加过大的作用力。（　　）

4. 游标卡尺是一种中等精度的量具，不能测量精度要求高的零件，但可以用来测量毛坯件。（　　）

5. 千分尺是一种测量精度比较高的通用量具，不能测量毛坯件及未加工的表面。（　　）

6. 测量基本尺寸为 52 mm 的尺寸，应选用 25～50 mm 的千分尺。（　　）

7. 千分尺测量完毕，应反转微分筒，再退出尺子。（　　）

8. 量具应定期送计量部门进行检定。（　　）

（三）问答题

1. 请读出下面游标卡尺的读数。

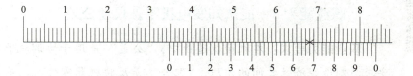

2. 根据下列尺寸画出游标卡尺的示意图:

17.35 mm、21.24 mm。

工作任务 2

发电机零件质量认知

图 1.27 所示为车辆零部件零件图。

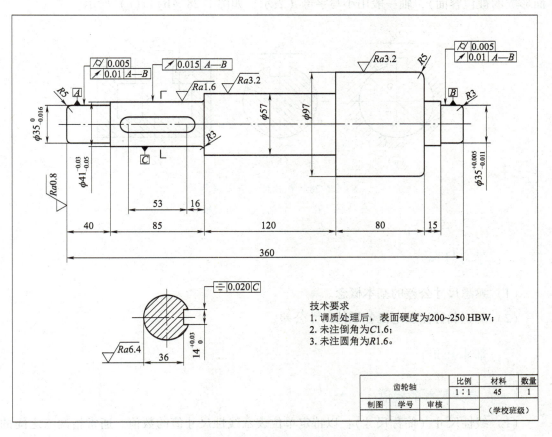

图 1.27 车辆零部件零件图

项目1 任务2
职业能力3

职业能力3 能认知发电机零件尺寸公差

职业能力要求：在机械制造业中，"公差"是用于协调机器零件的使用要求与制造经济性之间的矛盾。"配合"是反映机器零件之间有关功能要求的相互关系。"公差与配合"的标准化，有利于机器的设计、制造、使用和维修，直接影响产品的精度、性能和使用寿命，是评定产品质量的重要技术指标。通过对汽车零件尺寸的测量，初步学会使用测量工具，懂得测量汽车零部件的尺寸公差，为后续的车辆零部件制图及车辆零部件修配做准备。

一、核心概念

（1）公差：是允许尺寸的变动量，它等于最大极限尺寸与最小极限尺寸的代数差的绝对值，也等于上偏差与下偏差代数差的绝对值。

（2）孔：通常指工件的圆柱形内表面，也包括非圆柱形内表面（由两平行平面或切面形成的包容面），孔一般用大写字母 D 表示，如图 1.28（a）所示。

（3）轴：通常指工件的圆柱形外表面，也包括非圆柱形外表面（由两平行平面或切面形成的被包容面），轴一般用小写字母 d 表示，如图 1.28（b）、（c）所示。

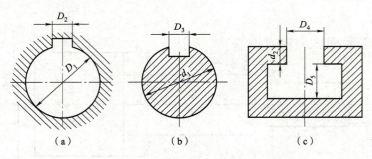

图 1.28　孔和轴的符号表示

（a）孔；（b）轴；（c）孔、轴

二、学习目标

（1）熟悉尺寸公差的基本概念。

（2）能正确标注发电机各零件尺寸公差。

三、基本知识

（一）有关尺寸的术语

（1）线性尺寸（简称尺寸）：以特定单位表示线性尺寸值的数值。通常指两点之间的距离，如宽度、高度等。

（2）基本尺寸（孔 D、轴 d）：指设计零件时，根据使用要求，通过刚度、强度计算或结构等方面的考虑，并按标准直径或标准长度圆整后所给定的尺寸，如图 1.29 所示。

（3）极限尺寸（D_{max}、D_{min}、d_{max}、d_{min}）：允许尺寸变化的两个极限值。其中最大允许值称为最大极限尺寸（孔 D_{max}、轴 d_{max}）；最小允许值称为最小极限尺寸（孔 D_{min}、轴 d_{min}）。

（4）实际尺寸（D_a、d_a）：通过测量获得的某一孔、轴的尺寸。

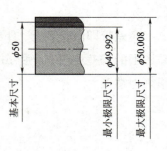

图 1.29　尺寸表示

（二）有关偏差和公差的术语

1. 偏差

偏差指某一尺寸减去其基本尺寸所得的代数差。偏差可以为正、负或者零，分为上偏差（孔 ES、轴 es）和下偏差（孔 EI、轴 ei），其计算公式为：

$$上偏差 = 最大极限尺寸 - 基本尺寸$$

$$下偏差 = 最小极限尺寸 - 基本尺寸$$

用符号表示为：

$$ES = D_{max} - D, \quad EI = D_{min} - D$$
$$es = d_{max} - d, \quad ei = d_{min} - d$$

例 1.1：有一轴的尺寸为 $\phi 50^{-0.025}_{-0.050}$，实测轴的尺寸为 49.985，问该尺寸是否合格。

解：

方法一：$d_{max} = 49.975$，$d_{min} = 49.950$，$d_a = 49.985$，因 $d_a > d_{max}$，该轴不合格。

方法二：$ea = 49.985 - 50 = -0.015$，$es = -0.025$，$ei = -0.050$，因 $ea > es$，该轴不合格。

2. 公差（T_D，T_d）

公差即允许尺寸的变动量。它等于最大极限尺寸与最小极限尺寸的代数差的绝对值，也等于上偏差与下偏差代数差的绝对值。

孔公差：
$$T_D = |D_{max} - D_{min}| = |ES - EI|$$

轴公差：
$$T_d = |d_{max} - d_{min}| = |es - ei|$$

公差与偏差的区别：

（1）从数值上：公差是绝对值（不能为零），偏差是代数值，可以为正、负或者零。

（2）从作用上：公差是公差带的大小，影响配合精度，偏差是公差带的位置，影响配合性质。

（3）从工艺上：公差反映加工的难易，偏差是调整工具的依据。

（4）从效果上：公差是限制误差，偏差是限制实际偏差。

3. 零线

在公差带图中，确定偏差的一条基准直线，即零线，代表基本尺寸。

4. 公差带

公差带即由代表上、下偏差的两条直线所限定的一个区域，如图 1.30 所示。尺寸公差图上的偏差可用 mm 和 μm 作为单位。此图可直观地分析和计算有关公差与配合，需要很好地掌握。

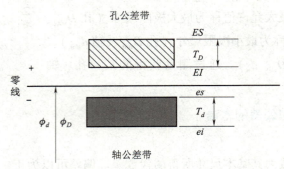

图 1.30　尺寸公差带图

5. 标准公差和基本偏差

（1）标准公差：是指国家标准规定的用于确定公差带大小的公差值。标准公差共分为 20 个等级，即 IT01、IT0、IT1、IT2、…、IT18。其中，IT 表示标准公差，IT 后面的数字表示公差等级。上述 20 个等级中，IT01 公差值最小，精度最高；IT18 公差值最大，精度最低。标准公差的具体数值详见附表 1。

（2）基本偏差：是指用于确定公差带相对于零线位置的上偏差或下偏差。一个基本尺寸的公差带是由标准公差和基本偏差两个基本要素组成的，标准公差决定公差带的大小，而公差带的位置则由基本偏差决定，这个基本偏差一般指靠近零线位置的那个偏差，这个偏差可以是上偏差，也可以是下偏差。

国家标准规定，孔和轴各有 28 种基本偏差，孔的基本偏差代号用大写字母表示，轴的基本偏差代号用小写字母表示，如图 1.31 所示。

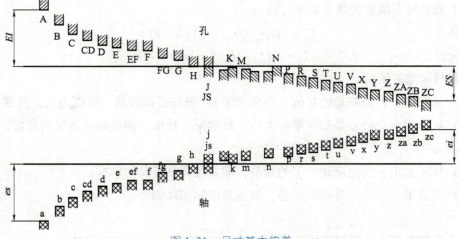

图 1.31　尺寸基本偏差

（三）有关配合的术语

1. 配合

配合是指基本尺寸相同的、相互结合的孔和轴公差带之间的关系，如图1.32所示。

对于一对孔轴零件装配来说，所产生的效果有三种：孔＞轴、轴＞孔、孔＝轴，所以就有间隙或过盈存在。

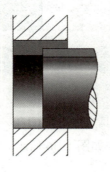

图1.32　尺寸配合

1）间隙 X 或过盈 Y

间隙 X 或过盈 Y 指孔的尺寸减去相结合的轴的尺寸所得的代数差。此差值为正时是间隙 X，为负时是过盈 Y，如图1.33所示。

图1.33　间隙配合

（1）间隙配合：具有间隙的配合（包括最小间隙为0），此时孔公差带在轴公差带之上。其极限值为最大间隙 X_{max} 和最小间隙 X_{min}，如图1.34所示。

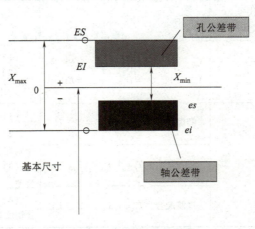

图1.34　间隙配合公差带

（2）过盈配合：具有过盈（包括最小过盈为0）的配合，此时孔公差带在轴公差带之下。也有两个极限值（Y_{max}、Y_{min}），如图1.35所示。

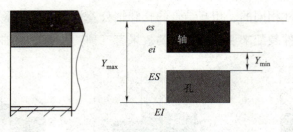

图1.35　过盈配合公差带

2）过渡配合

过渡配合指可能具有间隙也可能具有过盈的配合。此时，孔的公差带与轴的公差带相互交叠。也有两个极限值X_{max}、Y_{max}，如图1.36所示。

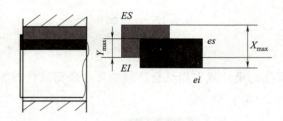

图1.36　过渡配合公差带

2. 配合公差

配合公差指允许间隙或过盈的变动量。它等于组成配合的孔轴公差带之和。

$$T_f = |X_{max} - X_{min}|, \quad T_f = |Y_{max} - Y_{min}|, \quad T_f = T_D + T_d, \quad T_f = |X_{max} - Y_{max}|$$

表1.7列出了各种类型公差配合关系。

表1.7　各种类型公差配合关系

配合类别 （配合性质）	极限盈、隙代号 （特性参数代号）		计算式	注
间隙配合	X_{max}	X_{min}	X_{max}（Y_{min}）$= D_{max} - d_{min} = ES - ei$ X_{min}（Y_{max}）$= D_{min} - d_{max} = EI - es$	（1）极限盈、隙是设计给定的。 （2）间隙、过盈是代数值：间隙（X）为"＋"，过盈（Y）为"－"
过盈配合	Y_{max}	Y_{min}		
过渡配合	X_{max}	Y_{max}		
配合公差 T_f	$T_f = T_D + T_d$		间隙配合：$T_f = |X_{max} - X_{min}|$ 过盈配合：$T_f = |Y_{max} - Y_{min}|$ 过渡配合：$T_f = |X_{max} - Y_{max}|$	（1）T_f是绝对值，由设计给定。 （2）T_f的大小反映配合精度（T_f小则配合精度高）。 （3）T_f值永远大于孔或轴的尺寸公差。 （4）孔、轴公差等级越高，则配合精度越高

例 1.2：如图 1.37 所示，已知孔 $\phi 50_0^{0.039}$ mm，轴 $\phi 50_{-0.050}^{-0.025}$ mm，求 X_{max}、X_{min}、T_f，并画出公差带图。

解：$X_{max} = D_{max} - d_{min} = 50.039 - 49.950 = +0.089$（mm）

$X_{min} = D_{min} - d_{max} = 50 - 49.975 = +0.025$（mm）

$T_f = |X_{max} - X_{min}| = |0.089 - 0.025| = 0.064$（mm）

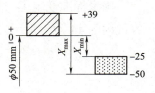

图 1.37　公差带图

3. 配合的基准制

所谓基准制，是指以两个相配零件的一个为基准，并选定标准公差带，然后按使用要求的最小间隙或最小过盈，确定非基准件的公差带位置，从而形成各种配合的一种制度。根据生产实际需要，国家标准规定了两种基准制度，即基孔制和基轴制。

（1）基孔制：基本偏差固定不变的孔的公差带，与不同基本偏差的轴的公差带形成各种配合的一种制度，如图 1.38 所示。

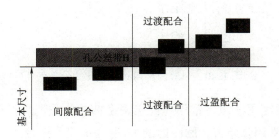

图 1.38　基孔制配合公差带

（2）基轴制：基本偏差固定不变的轴的公差带，与不同基本偏差的孔的公差带形成各种配合的一种制度，如图 1.39 所示。

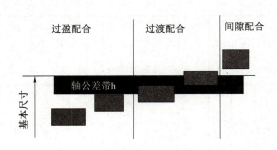

图 1.39　基轴制配合公差带

（四）尺寸公差与配合的选用

合理地选用公差与配合，是机械设计生产的重要环节，它对产品的质量、互换性和经济效益都有重要影响。选用原则是在保证产品优良性能的前提下，兼顾加工成本。

1. 孔和轴的常用公差带与配合

根据生产实际情况，国家标准 GB/T 17852—2018 对尺寸 0～500 mm 推荐了孔、轴的一般、常用和优先公差带。

国家标准规定了一般、常用和优先用途孔的公差带共 105 种，如图 1.40 所示。其中方框内的 44 种为常用公差带，圆圈内的 13 种为优先公差带。

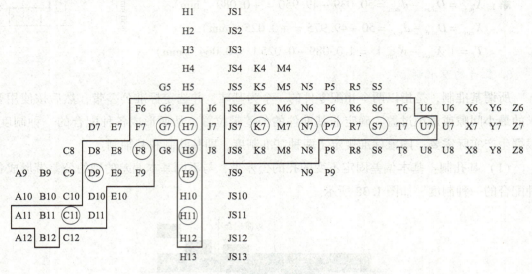

图 1.40　一般、常用和优先孔的公差带

同时，国家标准规定了一般、常用和优先用途轴的公差带共 116 种，如图 1.41 所示。其中方框内的 59 种为常用公差带，圆圈内的 13 种为优先公差带。

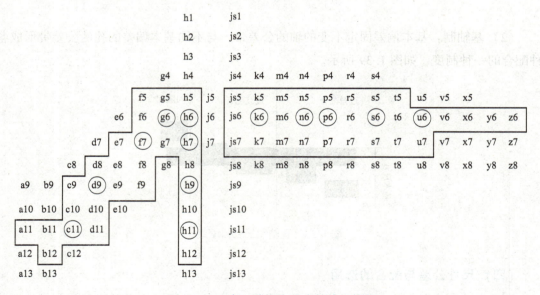

图 1.41　一般、常用和优先轴的公差带

基孔制的常用配合如表 1.8 所示，其中注有黑▶符号的 13 种为优先配合。基轴制的常用配合如表 1.9 所示，其中注有黑▶符号的 13 种为优先配合。

表 1.8　基孔制的常用配合

轴

基孔制	a	b	c	d	e	f	g	h	js	k	m	n	p	r	s	t	u	v	x	y	z
	间隙配合								过渡配合				过盈配合								
H5						$\frac{H6}{f5}$	$\frac{H6}{g5}$	▲$\frac{H6}{h5}$	$\frac{H6}{js5}$	$\frac{H6}{k5}$	$\frac{H6}{m5}$	$\frac{H6}{n5}$		$\frac{H6}{r5}$		$\frac{H6}{t5}$					
H6						$\frac{H7}{f6}$	▲$\frac{H7}{g6}$	▲$\frac{H7}{h6}$	$\frac{H7}{js6}$	▲$\frac{H7}{k6}$	$\frac{H7}{m6}$	▲$\frac{H7}{n6}$	▲$\frac{H7}{p6}$	$\frac{H7}{r6}$	▲$\frac{H7}{s6}$	$\frac{H7}{t6}$	▲$\frac{H7}{u6}$	$\frac{H7}{v6}$	$\frac{H7}{x6}$		$\frac{H7}{z6}$
H7					$\frac{H8}{e7}$	▲$\frac{H8}{f7}$	$\frac{H8}{g7}$	▲$\frac{H8}{h7}$	$\frac{H8}{js7}$	$\frac{H8}{k7}$	$\frac{H8}{m7}$	$\frac{H8}{n7}$		$\frac{H8}{r7}$	$\frac{H8}{s7}$	$\frac{H8}{t7}$	$\frac{H8}{u7}$				
H8				$\frac{H8}{d8}$	$\frac{H8}{e8}$	$\frac{H8}{f8}$		$\frac{H8}{h8}$													
H9			$\frac{H9}{c9}$	▲$\frac{H9}{d9}$	$\frac{H9}{e9}$	$\frac{H9}{f9}$		$\frac{H9}{h9}$													
H10			$\frac{H10}{c10}$	$\frac{H10}{d10}$				$\frac{H10}{h10}$													
H11	$\frac{H11}{a11}$	$\frac{H11}{b11}$	▲$\frac{H11}{c11}$	$\frac{H11}{d11}$				$\frac{H11}{h11}$													
H12		$\frac{H12}{b12}$						$\frac{H12}{h12}$													

表 1.9　基轴制的常用配合

基轴制	\	孔																			
	A	B	C	D	E	F	G	H	JS	K	M	N	P	R	S	T	U	V	X	Y	Z
	间隙配合								过渡配合				过盈配合								
h5						$\frac{F6}{h5}$	$\frac{G6}{h5}$	$\frac{H6}{h5}$	$\frac{JS6}{h5}$	$\frac{K6}{h5}$	$\frac{M6}{h5}$	$\frac{N6}{h5}$	$\frac{P6}{h5}$	$\frac{R6}{h5}$	$\frac{S6}{h5}$	$\frac{T6}{h5}$					
h6						$\frac{F7}{h6}$	$\frac{G7}{h6}$	$\frac{H7}{h6}$	$\frac{JS7}{h6}$	$\frac{K7}{h6}$	$\frac{M7}{h6}$	$\frac{N7}{h6}$	$\frac{P7}{h6}$	$\frac{R7}{h6}$	$\frac{S7}{h6}$	$\frac{T7}{h6}$	$\frac{U7}{h6}$				
h7					$\frac{E8}{h7}$	$\frac{F8}{h7}$		$\frac{H8}{h7}$	$\frac{JS8}{h7}$	$\frac{K8}{h7}$	$\frac{M8}{h7}$	$\frac{N8}{h7}$									
h8				$\frac{D8}{h8}$	$\frac{E8}{h8}$	$\frac{F8}{h8}$		$\frac{H8}{h8}$													
h9				$\frac{D9}{h9}$	$\frac{E9}{h9}$	$\frac{F9}{h9}$		$\frac{H9}{h9}$													
h10				$\frac{D10}{h10}$				$\frac{H10}{h10}$													
h11	$\frac{A11}{h11}$	$\frac{B11}{h11}$	$\frac{C11}{h11}$	$\frac{D11}{h11}$				$\frac{H11}{h11}$													
h12		$\frac{B12}{h12}$						$\frac{H12}{h12}$													

在表中，当轴的公差小于或等于 IT7 时，与低一级的基准孔相配合；大于或等于 IT8 时，与同级基准孔相配合。在表 1.8 中，当孔的标准公差小于 IT8 或少数等于 IT8 时是与高一级的基准轴相配合的，其余是与同级基准轴相配合的。

2. 常用孔、轴极限与配合的选择

1）基准制的选择

（1）一般情况下应优先选用基孔制，因为一般孔比轴难加工。特殊情况下可以选用基轴制，如同一轴与基本尺寸相同的若干个孔相配合，且配合性质不同时，可以考虑基轴制。

（2）若与标准件相配合，应以标准件为基准件确定采用何种基准制。

（3）为满足配合的特殊要求，允许采用任一孔、轴公差带组成的非基准配合。

2）公差等级的选用

公差等级的选用原则是在充分满足使用要求的前提下，考虑零件的工艺性能，尽量选用精度较低的公差等级。

3）配合的选用

正确选择配合，可提高机器的性能、效率和使用寿命，选择配合时，应首先考虑选用标准中规定的优先配合，其次是常用配合，必要时可采用一般配合或任意孔、轴公差带组成的配合。

四、能力训练

（一）操作条件

（1）车辆拆卸钳工实训室 300 m^2。

（2）车辆拆卸工作台 30 张。

（3）拆卸工具：拔盘器、橡胶锤、开口梅花两用扳手、三爪拉马和螺丝刀等。

（4）测量工具：直尺、三角板、游标卡尺、千分尺、百分表、笔和纸等。

（二）安全及注意事项

（1）注意选择正确的拆卸工具，保持工具的清洁。

（2）卸下的螺栓、螺钉、螺母、垫圈和其他零件，应按顺序成套成组分别放置，避免装错。

（3）测量工具要注意整洁、干净，避免生锈。

（4）工具和零件要分别放置，细小零件和易损零件要专门存放，以防丢失或损坏。

（5）测量时注意轻拿轻放，避免损坏测量工具。

（三）操作过程

按照表 1.10 所示操作步骤完成发电机尺寸公差设计。

表 1.10　发电机尺寸公差设计

序号	步　骤	操作方法	操作记录
1	发电机转轴尺寸公差设计	（1）利用游标卡尺测量 10 个转轴与带轮配合位置的直径的实际尺寸； （2）记录各尺寸，根据实际加工给出合理的尺寸公差	
2	发电机带轮尺寸公差设计	（1）利用游标卡尺测量带轮直径尺寸； （2）根据实际配合加工给出合理的尺寸公差	
3	转轴和带轮配合公差选用	选用合理的配合公差	

（四）学习结果评价

对发电机公差操作进行评价，完成表 1.11 的填写。

表 1.11　发电机公差操作评分标准

基本信息	姓名		学号		班级		组别	
	角色	主修人员□	辅修人员□	工具管理□	零件摆放□	安全监督□	质量检验□	6S 监督□
	规定时间		完成时间		考核日期		总评成绩	
考核内容	序号	步　骤		完成情况		标准分	评分	
				完成	未完成			
	1	发电机转轴尺寸公差设计				20		
	2	发电机带轮尺寸公差设计				20		
	3	转轴和带轮配合公差选用				20		

续表

6S 管理	整理、整顿、清扫、清洁、素养、安全		10	
团队协作			10	
沟通表达			10	
工单填写			10	
教师评语				

五、课后作业

(一) 填空题

1. 国家标准设置了_____个标准公差等级，其中_____级精度最高。

2. 孔的上偏差用_____表示，孔的下偏差用_____表示；轴的上偏差用_____表示，轴的下偏差用_____表示。

3. 在公差带图中，表示公称尺寸的一条直线称为_____。在此线以上的偏差为_____，在此线以下的偏差为_____。

4. 图样上给出形状或位置公差要求的要素称为_____要素，用来确定被测要素方向或位置的要素称为_____要素。

(二) 简答题

1. 互换性原则对机械制造有何意义？

2. 表面质量对零件使用性能有什么影响？

（三）看图题

1. 写出下图中齿轮指定 3 处标注的公称尺寸、极限尺寸、实体尺寸、极限偏差、公差，并填入下表中。

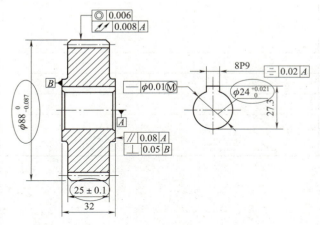

尺寸标注	公称尺寸	最大极限尺寸	最小极限尺寸	最大实体尺寸	最小实体尺寸	上偏差	下偏差	公差
$\phi 88_{-0.087}^{\ 0}$								
$\phi 24_{\ 0}^{+0.021}$								
25 ± 0.1								

2. 已知孔和轴的基本尺寸均为 $\phi 50$，请完成下表。

项　　目	孔	轴
上偏差	0.041	
下偏差		－0.033
最大实体尺寸		
最小实体尺寸		
最大极限尺寸		
最小极限尺寸	50.020	
公差		0.013

项目 1 任务 2
职业能力 4

职业能力 4　能认知发电机零件的形位公差

职业能力要求：在机械零件加工过程中，不仅会产生尺寸误差，也会出现形状和相对位置上的误差。例如，在加工圆柱销时，可能会出现中间粗、两头细的情况，这种在形状上出现误差的现象称为零件的形状误差。在加工阶梯轴时，可能会出现各段轴的轴线不在一条直线上的情形，这种在相对位置上出现的误差称为零件的位置误差。通过本章节的学习，可以对车辆零件的形位公差有更进一步的了解。

一、核心概念

（1）形状公差：是指单一被测要素的实际形状与理想要素的允许变动全量，用形状公差带表示。

（2）位置公差：是指关联实际要素的位置相对于理想位置（基准要素）的允许变动全量。

二、学习目标

（1）掌握形状公差的表达含义，会标注形状公差。

（2）掌握位置公差的表达含义，会标注位置公差。

三、基本知识

（一）形位公差的符号

形位公差代号和基准代号如表 1.12 所示。若无法用代号标注时，允许在技术要求中用文字说明。

表 1.12　形位公差符号

分类	特征项目	符号	分类		特征项目	符号
形状公差	直线度	——	位置公差	定向	平行度	//
	平面度	▱			垂直度	⊥
	圆度	○			倾斜度	∠
	圆柱度	⌀		定位	同轴度	◎
	线轮廓度	⌒			对称度	=
	面轮廓度	⌒			位置度	⊕
				跳动	圆跳度	↗
					全跳度	⌰

（二）形状公差

1. 直线度：——

直线度公差是实际直线对理想直线的允许变动量，限制了加工面或线在某个方向上的偏差。如果直线度超差，可能会导致该工件安装时无法准确装入工艺文件规定的位置，如图 1.42 所示。

1）标注含义

被测表面投影后为一接近直线的"波浪线"（见图1.42（b）），该"波浪线"的变化范围应该在距离为公差值 t（$t=0.02$）的两平行直线之间。

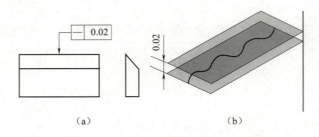

图1.42　直线度
（a）公差的表示方法；（b）公差带的定义

2）直线度测量方法

直线度常用的测量方法有直尺法、准直法、重力法和直线法等。此外，还可以利用平晶、激光干涉仪及其直线度测量附件测量直线度误差，测量精确度很高。后者的测量精确度可达 $0.4\ \mu m/1\ 000\ mm$。现在很多机床厂都用激光干涉仪来测量直线度、平面度、垂直度等，如图1.43所示。

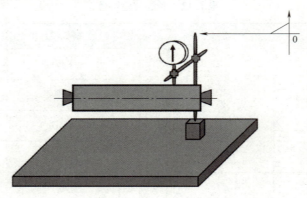

图1.43　直线度测量

2. 平面度：

平面度表示面的平整程度，指测量平面具有的宏观凹凸高度相对理想平面的偏差。一般来讲，有平面度要求的就不必有直线度要求了，因为平面度包括了面上各个方向的直线度，如图1.44所示。

1）标注含义

被测加工表面必须位于距离为公差值 t（$t=0.01$）的两平行平面内，如图1.44所示区域。

2）平面度测量方法

（1）塞尺测量：塞尺主要用来测量间隙间距，只能粗略测量平面度。使用塞尺前，必

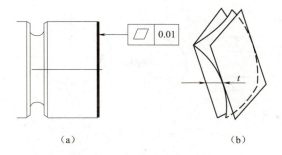

图 1.44　平面度

（a）公差的表示方法；（b）公差带的定义

须清除塞尺和工件上的污垢和灰尘。使用时，可将一片或几片重叠插入缝隙，以感觉有点迟缓为宜。测量时动作要轻，不允许硬插。由于其精度低、检测效率低、结果不完整，只能检测零件的边缘。

（2）液体平面法：以液位为测量基准，液位由"连通罐"中的液位组成，再用传感器进行测量。基于连接器的工作原理，适用于测量连续或不连续的大平面的平面度，但测量时间长，对温度敏感，只适用于测量精度不高的平面。

（3）用仪表测量：是将被测零件和千分尺放在一个标准平板上，以标准平板为测量基准，用千分尺沿实际表面逐点或沿几条直线进行测量，如图 1.45 所示。

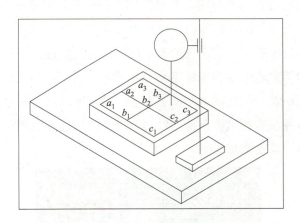

图 1.45　平面度测量

3. 圆度：

圆度是指工件横截面接近理论圆的程度。工件加工后的投影圆应在圆度要求的公差范围之内，如图 1.46 所示。

1）标注含义

被测圆柱面的任意截面的圆周必须位于半径差为公差值 t（$t = 0.025$）的两同心圆之内，如图 1.46（b）所示区域。

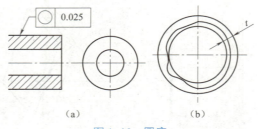

图 1.46　圆度

（a）公差的表示方法；（b）公差带的定义

2）圆度测量方法

圆度测量法是通过测量工件的圆形表面以确定该圆形表面与真圆之间差异的技术方法。具体分三大类：

（1）比较检验法：把被测圆轮廓与标准圆（如标准圆图、半球、圆盘等）进行比较，以鉴别出其间的差值。常用的有投影仪比较法和测微仪比较法。

（2）特征参数测量法：通过对圆表面的某些特征值的多次测量，以各次量值之间的差值，近似表示圆度误差。常用的有二点法、三点法（V形块支承测量法）以及二点、三点组合法。此法简单易行，但精确性差。

（3）坐标测量法：又分为极坐标法和直角坐标法。常用的极坐标法是由精密回转轴旋转时某点画出的圆轨迹（视为理想圆）与被测圆比较，其间的半径差由传感器测得，经微处理器记录、运算后可得到圆度误差值，也可由记录仪画出被测圆的轮廓图形。以此种方法研制的测量仪器称为圆度仪。属于直角坐标法的是在三坐标测量机上，按预先选定的直角坐标系，测量被测圆上若干点的坐标值 x、y，由电子计算机按选定的圆度误差评定方法计算出被测圆的圆度误差。圆度误差的评定方法有最小区域法、最小二乘法、最小外接圆法和最小内接圆法。各法的共同特点是：以两个理想圆来包容被测圆的实际轮廓；不同点是：包容的准则各异。圆度测量如图 1.47 所示。

图 1.47　圆度测量

4. 圆柱度: /◇/

圆柱度是指工件圆柱表面所有垂直截面中最大半径尺寸与最小半径尺寸之差。它限制了被测圆柱面的形状误差，是圆柱的实际形状相对理想形状的最大允许变动量，如图 1.48 所示。

1）标注含义

被测圆柱面必须位于半径差为公差值 t（$t=0.1$）的两同轴圆柱面之间，如图 1.48（b）所示。

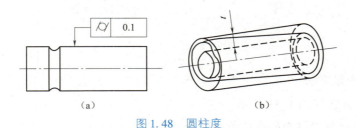

图 1.48　圆柱度

（a）公差的表示方法；（b）公差带的定义

2）圆柱度测量方法

常见的测量方法有两点法、三点法、三坐标测量法、数据采集仪连接百分表测量法，如图 1.49 所示。

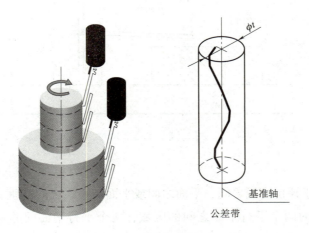

图 1.49　圆柱度测量

(三) 位置公差

1. 平行度: //

平行度是指两平面或者两直线平行的程度，即其中一平面（边）相对于另一平面（边）平行的误差最大允许值，如图 1.50 所示。

1）标注含义

被测轴线必须位于距离为公差值 t（$t=0.05$），且在给定方向上平行于基准轴线的两平行平面之间。

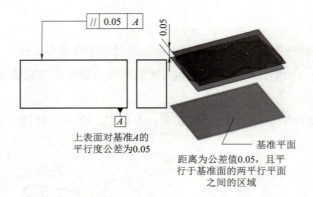

图 1.50 平行度

2）平行度测量方法

平行度测量方法如图 1.51 所示。

（1）用千分尺测出平面的高低值，即为两个平面平行度。

（2）把基准平面放在平板上，用表来测量另一面的值，即为两个平面平行度。

（3）找三个不在同一直线上的点，分别测量两个面的距离，即为两个平面平行度。

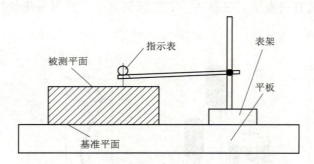

图 1.51 平行度测量

2. 垂直度：⊥

垂直度是指用于评价直线之间、平面之间或平面与直线之间的垂直状态，公差带为垂直于基准线（面）的两个平行平面之间的区域，两个平行平面间的距离为 t（$t = 0.08$），被测线（面）必须位于这两个平面之间，如图 1.52 所示。

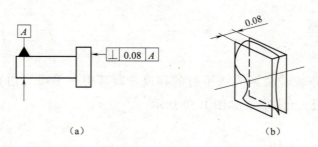

图 1.52 垂直度

（a）公差的表示方法；（b）公差带的定义

1）标注含义

被测孔的轴线必须位于距离为公差值 t（$t = 0.08$），且垂直于基准线 A（基准孔轴线）的两平行平面之间，其公差带是距离为公差值 t，且垂直于基准线的两平行平面之间的区域。

2）垂直度测量方法

（1）面与面的垂直度。

①将基准面用磁铁与平台平行地支撑。

②将百分表从弯曲根部开始移动至前端为止，将读数的最大差作为垂直度。

（2）面与线的垂直度。

①在平台上，用磁铁吸附支撑测量物。

②将百分表接触于测量物上，将其在指示范围内所有地方上下移动。

③测定在 0° 与 90° 两处进行。

④将各读数的最大差用以下公式计算，所得值即垂直度（在 0° 的读数最大差→X；在 90° 的读数最大差→Y）。

$$垂直度 = \sqrt{X^2 + Y^2}$$

（3）线与面的垂直度。

①在 2 个基准孔内插入适合的塞规；在平台上用磁铁将塞规与平台成直角支撑。

②将测量面的所有地方用百分表（或高度规）测定，将读数的最大差作为垂直度，如图 1.53 所示。

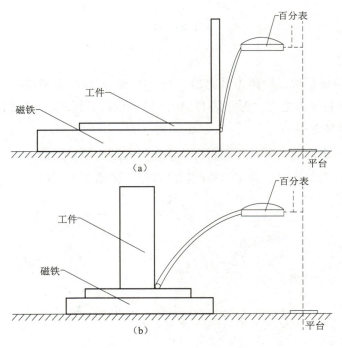

图 1.53　垂直度测量

(a) 面与面的垂直度；(b) 面与线的垂直度

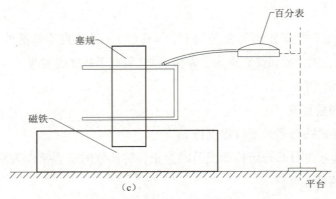

图 1.53　垂直度测量（续）

（c）线与面的垂直度

3. 倾斜度：∠

如图 1.54 所示，倾斜度与垂直度相似。

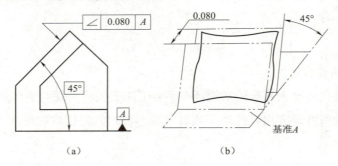

图 1.54　倾斜度

1）标注含义

被测孔的轴线必须位于距离为公差值 t（$t=0.08$），且与基准线成一理论正确角度 α（$\alpha=45°$）的两平行平面之间，即如图 1.54（b）所示两平行平面之间的区域。

2）倾斜度测量方法

将零件的基准表面放在平台上，用百分表在被测量面移动测量，当百分表上指示的最大与最小读数之差为最小时，此差值为倾斜度误差，如图 1.55 所示。

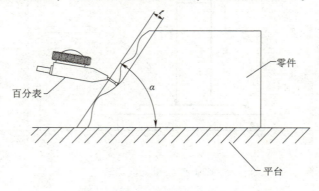

图 1.55　倾斜度测量

4. 位置度：⊕

如图 1.56 所示，位置度是指测量点或线与其理论所在位置的偏差，公差带即为该偏差的大小。

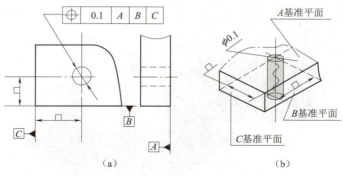

图 1.56 位置度

（a）公差的表示方法；（b）公差带的定义

1）标注含义

图 1.56（a）中表示位置度的箭头所指点必须位于以公差值 0.1 为直径的圆内（$\phi t = \phi 0.1$），该圆的圆心位于相对基准 A 和 B（基准直线）所确定的点的理想位置上，公差带范围如图 1.56（b）所示。

2）位置度测量方法

（1）点位置度的测量。

点位置度的测量是指包容被测实际点，由基准表面（或直线）和理论正确尺寸确定的定位最小包容区域的直径。

其计算公式为：

$$\oint f = 2 \sqrt{(x_2 - x_1)^2 + (y_2 - y_1)^2}$$

（2）线位置度的测量。

线位置度的测量是指包容被测实际直线（或轴线）对基准直线（基准面）和理论正确尺寸所确定的定位最小包容的宽度或直径。

其测量方法为：

①坐标测量法。

②综合量规检验法。

（3）面的位置度误差的测量。

面的位置度误差的测量是指包容被测实际斜面，且相对基准端面、基准轴线和理论正确角度所确定的定位最小包容区域的宽度。

（4）利用数据采集仪连接百分表测量位置度误差的方法。

测量仪器：偏摆仪、百分表、QSmart 数据采集仪。

测量原理：数据采集仪会从百分表中自动读取测量数据，然后由数据采集仪软件里的计算软件自动计算出所测产品的位置度误差，最后数据采集仪会自动判断所测零件的位置度误差是否在位置度公差范围内，如果所测位置度误差大于面位置度公差值，数据采集仪会自动发出报警功能，提醒相关操作人员该产品不合格。

测量效果示意图如图 1.57 所示。

图 1.57　位置度测量工具

利用数据采集仪连接百分表来测量平面度误差值的优势：

①无须人工用肉眼去读数，可以减少由于人工读数产生的误差。

②无须人工去处理数据，数据采集仪会自动计算出位置度误差值。

③测量结果报警，一旦测量结果不在位置度公差带时，数据采集仪就会自动报警。

5. 同轴度（同心度）：◎

如图 1.58 所示，同轴度是指工件要求的轴线偏离基准线所在直线的程度，即理论上应在同一直线上的两根轴线发生了偏离，规定该偏离的最大值为 $t/2$。

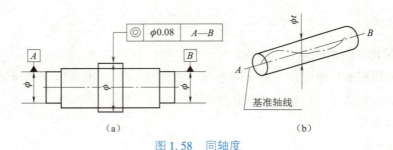

图 1.58　同轴度

(a) 公差的表示方法；(b) 公差带的定义

1）标注含义

图中有同轴度要求的大圆的轴线必须位于以公共基准轴线 $A—B$ 为轴线，以公差值 t（$t = 0.08$）为直径的圆柱内，其公差带范围如图 1.58（b）所示。

2）同轴度测量方法

（1）指定基准的同轴度误差的测量。

以 A 端面的轴心线为基准，测量 B 端面对 A 端面的同轴度。必须在水平和垂直两方向分别进行测量。

（2）以公共轴心线为基准的同轴度误差的测量。

如图 1.58 所示，测量 A、B 两端面轴心线对公共轴心线的同轴度误差。测量时，首先将被测零件固定在平台上，分别对 A、B 两端面被测轴心线进行测量。被测轴心线到公共轴心线的距离的最大读数差，就是同轴度误差，如图 1.59 所示。

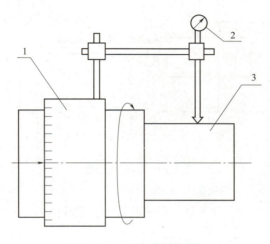

图 1.59　同轴度误差测量

1—微分筒；2—百分表；3—工件

6. 对称度：

如图 1.60 所示，对称度是指加工两表面的中心平面偏离基准的程度，即要求的对称中心与实际对称中心保持在同一平面内的状况。

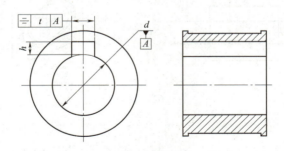

图 1.60　对称度

1）标注含义

图 1.60 中对称度图标所要表示的面为两加工面的中心平面，该中心平面必须位于距离为公差值，且相对于基准中心平面 A 对称分布的两平行平面之间。

2）对称度测量方法

必须保证基准面的平行度满足要求，才能保证后续测量的精确性。首先要将零件的特征面靠紧角板，满足主定位设置要求，然后将零件的一个与基准面平行的面与测量台面接触，使用高度千分尺记录下足够多的点。再将零件翻转180°，保持特征面靠紧角板，与基准面平行的另一个面接触测量台面，同样使用高度千分尺记录下上次测量的所有点的相对点的高度值。比较两组读数，然后可以分析是否满足规定的对称度要求，如图 1.61 所示。

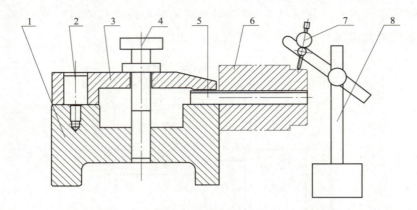

图 1.61　对称度测量

1—座体；2—固定螺母；3—加紧装置；4—调节螺杆；5—中心轴；

6—工件；7—百分表；8—支持杆

7. 圆跳动：

如图 1.62 所示，圆跳动是指工件绕基准旋转一周，测量器具在固定位置的显示值的变动范围。

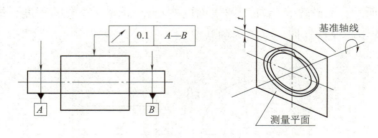

图 1.62　跳动度

1）标注含义

当被测圆柱表面绕基准线 A—B（公共基准轴线）旋转一周时，圆柱表面任一截面圆的径向跳动量均不得大于 t（$t = 0.1$）。

2）跳动度测量方法

将被测零件安装在两个顶尖之间，在被测零件回转一周的过程中，指示器最大读数差值即为单个测量平面上的径向跳动，如图 1.63 所示。

（四）形位公差的标注代号

国家标准（GB/T 17852—2018）规定用代号来标注形位公差，在实际生产中，若无法用代号标注形位公差，允许在技术要求中用文字加以说明。

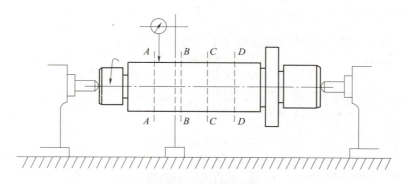

图 1.63　跳动度测量

形位公差代号包括形位公差各项目的符号、形位公差框格及指引线、基准代号、形位公差数值和其他有关符号等。框格内字体与图样中的尺寸数字等高，如图 1.64 所示。

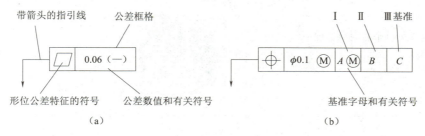

图 1.64　形位公差标注代号

（a）形状公差；（b）位置公差

四、能力训练

（一）操作条件

（1）车辆拆卸钳工实训室 300 m²。

（2）车辆拆卸工作台 30 张。

（3）拆卸工具：拔盘器、橡胶锤、开口梅花两用扳手、三爪拉马和螺丝刀等。

（4）测量工具：直尺、三角板、游标卡尺、千分尺、百分表、笔和纸等。

（二）安全及注意事项

（1）注意选择正确的拆卸工具，保持工具的清洁。

（2）卸下的螺栓、螺钉、螺母、垫圈和其他零件，应按顺序成套成组分别放置，避免装错。

（3）测量工具要注意整洁、干净，避免生锈。

（4）工具和零件要分别放置，细小零件和易损零件要专门存放，以防丢失或损坏。

（5）测量时注意轻拿轻放，避免损坏测量工具。

(三) 操作过程

按照表 1.13 所示操作步骤完成发电机形位公差设计。

表 1.13　发电机形位公差设计

序号	步　骤	操作方法	操作记录
1	发电机转轴圆柱度测量	(1) 利用百分表测量转轴圆柱度； (2) 记录圆柱的偏差	
2	发电机带轮内壁圆度测量	(1) 利用百分表测量带轮的圆度； (2) 记录内圆的偏差	
3	转轴和带轮的垂直度测量	垂直度具体测量方法参考本书内容	

(四) 学习结果评价

对发电机公差操作进行评价，完成表 1.14 的填写。

表 1.14　发电机公差操作评分标准

基本信息	姓名		学号		班级		组别	
	角色	主修人员□	辅修人员□	工具管理□	零件摆放□	安全监督□	质量检验□	6S 监督□
	规定时间		完成时间		考核日期		总评成绩	
考核内容	序号	步　骤		完成情况		标准分	评分	
				完成	未完成			
	1	发电机转轴圆柱度测量				20		
	2	发电机带轮内壁圆度测量				20		
	3	转轴和带轮的垂直度测量				20		

续表

6S 管理	整理、整顿、清扫、清洁、素养、安全		10	
团队协作			10	
沟通表达			10	
工单填写			10	
教师评语				

五、课后作业

（一）选择题

1. 属于形状公差的有（　　　）。

A. 圆柱度　　　　B. 平面度　　　　C. 同轴度　　　　D. 圆跳动　　　　E. 平行度

2. 属于位置公差的有（　　　）。

A. 平行度　　　　B. 平面度　　　　C. 端面全跳动　　　D. 倾斜度　　　　E. 圆度

3. 圆柱度公差能够同时控制（　　　）。

A. 圆度　　　　B. 素线直线度　　　C. 径向全跳动　　　D. 同轴度

E. 轴线对端面的垂直度

4. 以下阐述正确的有（　　　）。

A. 给定方向上的线位置度公差值前应加注符号"ϕ"

B. 空间中，点位置度公差值前应加注符号"球 ϕ"

C. 随意方向上线倾斜度公差值前应加注符号"ϕ"

D. 标明斜向圆跳动时，引导线箭头应与轴线垂直

E. 标明圆锥面的圆度公差时，引导线箭头应指向圆锥轮廓面的垂直方向

5. 形位公差带形状是在直径为公差值 t 的圆柱面区域内的有（　　　）。

A. 径向全跳动　　B. 端面全跳动　　C. 同轴度

D. 随意方向线位置度　　　E. 随意方向线对线的平行度

F. 对称面的平行度

6. 关于端面全跳动公差，以下阐述正确的有（　　　）。

A. 属于形状公差　　　　　　B. 属于位置公差

C. 属于跳动公差　　　　　　D. 与平行度控制效果同样

E. 与端面对轴线的垂直度公差带形状同样

7. 以下形位公差中表示相同意思的有（　　　）。

A. 轴线对轴线的平行度与对称面的平行度

B. 径向圆跳动与圆度

C. 同轴度与径向全跳动

D. 轴线对面的垂直度与轴线对面的倾斜度

E. 轴线的直线度与导轨的直线度

（二）填空题

1. 形状和位置公差简称＿＿＿＿＿＿。

2. 国家标准规定，形位公差共有＿＿＿＿＿＿个项目。其中形状公差＿＿＿＿＿＿项，位置公差＿＿＿＿＿＿项，形状或位置公差＿＿＿＿＿＿项。

3. 位置公差分为＿＿＿＿＿＿、＿＿＿＿＿＿和＿＿＿＿＿＿。

4. 形状公差代号包括＿＿＿＿＿＿、＿＿＿＿＿＿、＿＿＿＿＿＿和＿＿＿＿＿＿。

（三）综合题

1. 在下表中写出形位公差各项目的符号，并注明该项目是属于形状公差还是属于位置公差。

项目	符号	形位公差类别	项目	符号	形位公差类别
同轴度			圆度		
圆柱度			平行度		
位置度			圆跳动		
面轮廓度			平面度		
全跳动			直线度		

2. 说明下图中形位公差代号标注的含义。

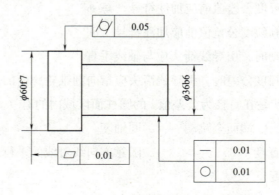

职业能力5　能认知发电机零件的表面粗糙度

项目1任务2
职业能力5

职业能力要求：经机械加工后的零件表面，看似平整光滑，但在显微镜下就会发现其表面上有许多微小的峰谷，而且峰谷之间的距离也十分微小。零件表面这种微观的凹凸不平整的程度，称为零件的表面粗糙度。

表面粗糙度是用于评定零件表面质量的重要技术指标，它对于零件的配合质量、抗腐蚀能力、耐磨及密封等各项性能都有着显著影响。零件表面粗糙度的形成与其所使用的加工设备、工具、加工材料，所采用的加工工艺以及外在的加工环境等因素都有着密切的关系。

一、核心概念

（1）表面粗糙度：指零件加工表面所具有的较小间距和微小峰谷不平度。

（2）轮廓算术平均偏差：是允许尺寸的变动量，它等于最大极限尺寸与最小极限尺寸的代数差的绝对值，也等于上偏差与下偏差代数差的绝对值。

二、学习目标

（1）熟悉表面粗糙度的基本概念。

（2）掌握表面粗糙度的评定标准和参数，以及在图纸上的标注方式。

（3）学会按零件表面的功能要求选择表面粗糙度值，并会进行表面粗糙度的测量。

三、基本知识

（一）概述

1. 表面粗糙度

表面粗糙度指零件加工表面所具有的较小间距和微小峰谷不平度。表面粗糙度形成的原因：在加工过程中由于切削分离时金属断裂、切削层残留面积、刀瘤脱落、鳞刺、受力所产生的金属塑性变形以及工艺系统高频振动等原因。

表面粗糙度是一种微观几何形状误差，也称为微观不平度。表面不平度按表面轮廓误差曲线相邻两波峰或波谷之间的距离（波距）λ 的大小划分为三类：

（1）波距小于 1 mm 的属于表面粗糙度（微观几何形状误差）；

（2）波距在 1～10 mm 的属于表面波纹度（中间几何形状误差）；

（3）波距大于 10 mm 的属于形状误差（宏观几何形状误差）。

如图 1.65 所示，某工件表面实际轮廓误差曲线，将这一段轮廓误差曲线按波距的大小分解为三部分的误差曲线。

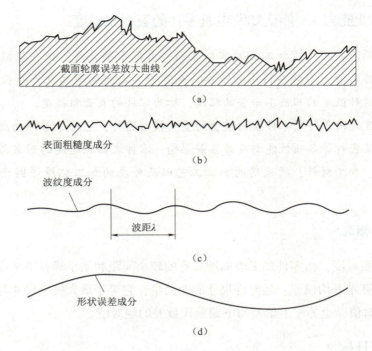

图 1.65　零件表面的几何形状误差

2. 表面粗糙度对零件使用性能的影响

表面粗糙度对机械零件的使用性能和寿命都有很大的影响，尤其对在高温、高压和高速条件下工作的机械零件影响更大，其影响主要表现在以下几个方面。

（1）对摩擦和磨损的影响。具有微观几何形状误差的两个表面只能在轮廓的峰顶发生接触，如图 1.66 所示。

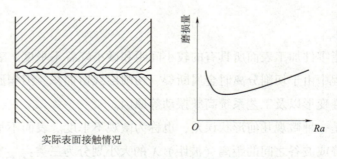

图 1.66　零件表面对摩擦和磨损的影响

（2）对配合性能的影响。对于间隙配合，相对运动的表面因其粗糙不平而迅速磨损，致使间隙增大；对于过盈配合，表面轮廓峰顶在装配时容易被挤平，使实际有效过盈量减小，致使连接强度降低。

（3）对抗腐蚀性的影响。粗糙的表面，易使腐蚀性物质存积在表面的微观凹谷处，并渗入金属内部，致使腐蚀加剧，如图 1.67 所示。

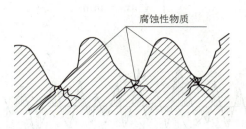

图 1.67　表面粗糙度对抗腐蚀性的影响

（4）对疲劳强度的影响。零件表面越粗糙，凹痕就越深，当零件承受交变载荷时，对应力集中就越敏感，使疲劳强度降低，导致零件表面产生裂纹而损坏。

（5）对接触刚度的影响。接触刚度影响零件的工作精度和抗振性。这是由于表面粗糙度使表面间只有一部分面积接触。一般情况下，实际接触面积只有公称接触面积的百分之几。因此，表面越粗糙受力后局部变形越大，接触刚度也越低。

（6）对结合面密封性的影响。粗糙的表面结合时，两表面只在局部点上接触，中间有缝隙，影响密封性。因此，降低表面粗糙度，可提高其密封性。

（二）表面粗糙度的评定

1. 取样长度 l_r

取样长度指用于判别具有表面粗糙度特征的一段基准线长度，它在轮廓总的走向上量取，如图 1.68 所示。

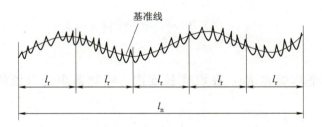

图 1.68　取样长度（l_r）和评定长度（l_n）

规定和选取取样长度的目的是限制和削弱表面波纹度对表面粗糙度测量结果的影响。

2. 评定长度 l_n

评定长度指评定轮廓所必需的一段长度，它包括一个或几个取样长度。即

$$l_n = 5l_r$$

3. 基准线

基准线指用于评定表面粗糙度参数给定的线。

（1）轮廓的最小二乘中线（简称中线）：具有几何轮廓形状并划分轮廓的基准线，在取样长度内使轮廓上各点的轮廓偏距 y 的平方和为最小，如图 1.69 所示。

$$\int_0^{l_r} y^2 \mathrm{d}x = \min$$

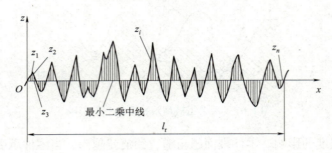

图 1.69　最小二乘中线

（2）轮廓的算术平均中线：在取样长度内，将实际轮廓划分为上、下两部分，并使上、下两部分的面积相等的基准线，如图 1.70 所示。

$$F_1 + F_2 + \cdots + F_i = F_1' + F_2' + \cdots + F_i'$$

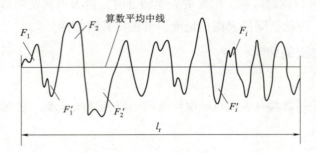

图 1.70　算术平均中线

4. 评定参数

（1）轮廓算术平均偏差 Ra：在取样长度内，轮廓偏距绝对值的算术平均值，如图 1.71 所示。

$$Ra = \frac{1}{l_r} \int_0^{l_r} |y(x)| \mathrm{d}x$$

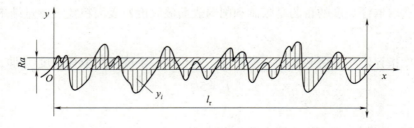

图 1.71　轮廓算术平均偏差 Ra

（2）轮廓最大高度 Rz：在取样长度内，轮廓峰顶线和轮廓谷底线之间的距离，如图 1.72 所示。

$$Rz = \left| y_{pmax} + y_{vmax} \right|$$

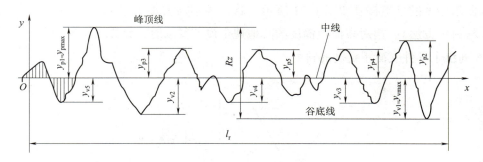

图 1.72　轮廓最大高度 Rz

（三）评定参数的选用

高度参数在 Ra、Rz 中任选一个，但要在常用值范围内（Ra 为 0.025 ~ 6.3 μm），国标推荐优先选用 Ra。

对应力集中而导致疲劳破坏较敏感的表面，可在选取 Ra 同时选取 Rz 参数，以达到控制轮廓的最大高度不超过规定的允许值。

表面粗糙度评定参数选定后，应规定其允许值。表 1.15 所示为表面粗糙度评定值。表面粗糙度参数值选用得适当与否，不仅影响零件的使用性能，还关系到制造成本。一般来说，表面粗糙度参数值越小，零件的工作性能越好，但加工成本上升。

表 1.15　表面粗糙度评定值

Ra 的数值（摘自 GB/T 17852—2018）			μm
0.012	0.2	3.2	50
0.025	0.4	6.3	100
0.05	0.8	12.5	
0.1	1.6	25	
Rz、Ry 的数值（摘自 GB/T 17852—2018）			μm
0.025	0.4	6.3	100	1 600
0.05	0.8	12.5	200	
0.1	1.6	25	400	
0.2	3.2	50	800	

表面粗糙度参数值的选用原则：

在满足使用性能要求的前提下，应尽可能选用较大的参数允许值。表面粗糙度的参数值已经标准化，设计时应按国家标准规定的参数系列选取。一般只规定上限值，必要时要给出下限值。

（四）表面粗糙度的标注

GB/T 17852—2018 规定了零件表面粗糙度符号、代号及其在图样上的注法。图样上所标注的表面粗糙度符号、代号应是该表面完工后的要求。

1. 表面粗糙度的符号

表面粗糙度的基本符号如图 1.73 所示。若仅表示需要加工（采用去除材料的方法或不去除材料的方法），但对表面粗糙度的其他规定没有要求时，允许只注表面粗糙度符号。表 1.16 列出了零件表面粗糙度的符号。

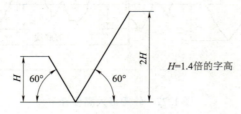

图 1.73　表面粗糙度基本符号

表 1.16　零件表面粗糙度的符号

符号	意义及说明
基本符号	基本符号，表示表面可用任何方法获得。当不加注粗糙度参数值或有关说明（例如表面处理、局部热处理状况等）时，仅适用于简化代号标注
基本符号加一短画	基本符号加一短画，表示表面是用去除材料的方法获得。例如车、铣、钻、磨、剪切、抛光、腐蚀、电火花加工、气割等
基本符号加一小圆	基本符号加一小圆，表示表面是用不去除材料的方法获得。例如铸、锻、冲压变形、热轧、粉末冶金等。 或者用于保持原供应状况的表面（包括保持上道工序的状况）
三个符号加横线	在上述三个符号的长边上均可加一横线，用于标注有关参数和说明
三个符号加小圆	上述三个符号上均可加一小圆，表示所有表面具有相同的表面粗糙度要求

2. 表面粗糙度参数及其数值的标注

在表面粗糙度符号的基础上，注出表面粗糙度数值及其有关的规定项目后就形成了表面粗糙度的代号，见表 1.17。表面粗糙度数值及其有关的规定在符号中注写的位置如图 1.74 所示。

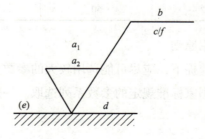

图 1.74　表面粗糙度的代号及其标注位置

表 1.17　表面粗糙度代号

代号（旧标准）	代号（新标准）	意　义
3.2	$\sqrt{Ra3.2}$	用任何方法获得的表面粗糙度，Ra 的上限值为 3.2 μm
3.2	$\overline{\sqrt{Ra3.2}}$	用去除材料的方法获得的表面粗糙度，Ra 的上限值为 3.2 μm
3.2	$\circ\!\!\!\sqrt{Ra3.2}$	用不去除材料方法获得的表面粗糙度，Ra 的上限值为 3.2 μm
3.2 1.6	$\overline{\sqrt{\begin{array}{c}Ra3.2\\Ra1.6\end{array}}}$	用去除材料方法获得的表面粗糙度，Ra 的上限值为 3.2 μm，Ra 的下限值为 1.6 μm
3.2max	$\sqrt{Ra3.2max}$	用任何方法获得的表面粗糙度，Ra 的最大值为 3.2 μm
3.2max	$\overline{\sqrt{Ra3.2max}}$	用去除材料方法获得的表面粗糙度，Ra 的最大值为 3.2 μm
3.2max	$\circ\!\!\!\sqrt{Ra3.2max}$	用不去除材料方法获得的表面粗糙度，Ra 的最大值为 3.2 μm
Rz3.2max Rz1.6min	$\overline{\sqrt{\begin{array}{c}Rz3.2max\\Rz1.6min\end{array}}}$	用去除材料方法获得的表面粗糙度，Rz 的最大值为 3.2 μm，Rz 的最小值为 1.6 μm

其中，a_1、a_2——粗糙度高度参数代号及其数值（μm）；参数为 Ra 时，参数值前不注符号；参数为 Rz 时，参数值前必须注出相应的参数符号；

b——加工方法、镀覆、涂覆、表面处理或其他说明等；

c——取样长度（mm）或波纹度（μm）；

d——加工纹理方向符号；

e——加工余量（mm）；

f——粗糙度间距参数值（mm）或轮廓支承长度率（%）。

1）表面粗糙度标注原则

（1）当允许在表面粗糙度参数的所有实测值中超过规定值的个数少于总数的 16% 时，应在图样上标注表面粗糙度参数的上限值或下限值。

（2）当要求在表面粗糙度参数的所有实测值中不得超过规定值时，应在图样上标注表面粗糙度参数的最大值或最小值。

2）表面粗糙度在图样中的标注方法

零件的每一个表面都应该有粗糙度要求，并且应在图样上用代（符）号标注出来。零件图上所标注的表面粗糙度代（符）号是指该表面完工后的要求。

表面粗糙度符号、代号一般标注在可见轮廓线、尺寸界线、引出线或它们的延长线上。符号的尖端必须从材料外指向表面，如图 1.75 所示。

表面粗糙度代号中数值方向应与尺寸数值方向一致，如图 1.76 所示。

未注表面粗糙度应在图纸的右上角注出，地位狭小或不便标注时，符号、代号可以引出标注，如图 1.77 所示。

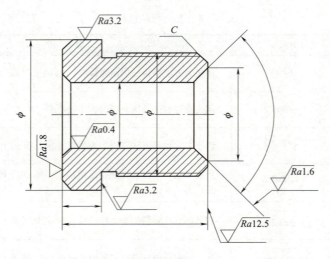

图 1.75　表面粗糙度标注

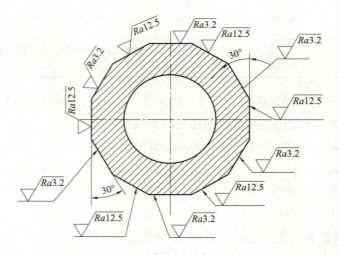

图 1.76　表面粗糙度标注方向

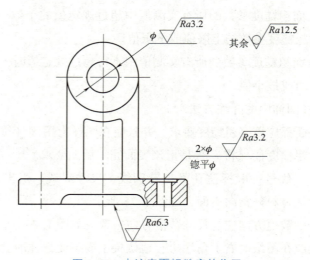

图 1.77　未注表面粗糙度的位置

例 1.3：改正如图 1.78 所示表面粗糙度代号标注中的错误。

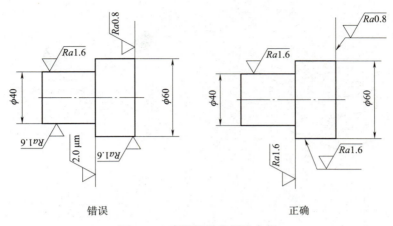

图 1.78　表面粗糙度标注实例

（五）表面粗糙度的测量

测量表面粗糙度的方法主要有比较法、针描法、光切法、干涉法和印模法等。

1. 比较法（用表面粗糙度比较样块）

用比较法检验表面粗糙度是生产车间常用的方法。它是将被测表面与粗糙度样块进行比较来评定表面粗糙度。比较法可用目测直接判断或借助于放大镜、显微镜比较或凭触觉来判断表面粗糙度。

粗糙度样块的形状、加工方法、材料和加工纹理应尽可能与被测工件相同，这样可以减少检验误差，提高判断的准确性。

2. 针描法（用电动轮廓仪测量）

利用针尖曲率半径为 2 μm 左右的金刚石触针沿被测表面缓慢滑行，金刚石触针的上下位移量由电学式长度传感器转换为电信号，经放大、滤波、计算后由显示仪表指示出表面粗糙度数值，也可用记录器记录被测截面轮廓曲线。一般将仅能显示表面粗糙度数值的测量工具称为表面粗糙度测量仪，将同时能记录表面轮廓曲线的称为表面粗糙度轮廓仪。这两种测量工具都有电子计算电路或电子计算机，它能自动计算出轮廓算术平均偏差 Ra、微观不平度的最大高度差 Rz、轮廓最大高度 Ry 和其他多种评定参数，测量效率高，适用于测量 Ra 为 0.025 ~ 6.3 μm 的表面粗糙度。

3. 光切法（用光切显微镜测量）

光切显微镜又称双管显微镜。它可以测量 Rz、Ry，以及规则表面（车、铣、刨等）的 S_m 和 S。测量的范围一般为 0.5 ~ 60 μm，如图 1.79 所示。

如果被测表面粗糙不平，光带就弯曲。设表面微观不平度的高度为 h，则光带弯曲高度为 $S_1 S_2 = h/\cos 45°$；而从目镜中看到的光带弯曲高度 $S_1' S_2' = Kh/\cos 45°$（式中 K 为观测管的放大倍数）。

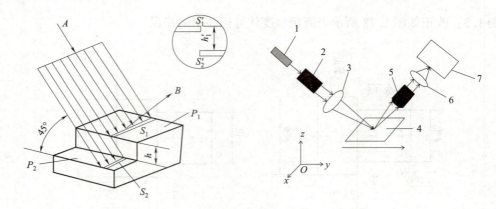

图 1.79　光切显微镜测量

1—目镜；2—分划板；3—物镜；4—反光镜；5—狭缝；6—聚光镜；7—成型板

4. 干涉法（用干涉显微镜测量）

干涉显微镜是利用光波干涉原理测量表面粗糙度。干涉显微镜主要用来测量 Rz、Ry 两个参数。测量的范围一般为 $0.03 \sim 1\ \mu m$。

5. 印模法（对复制印模表面进行测量）

对于大零件的内表面，也有采用印模法进行测量的，即用石蜡、低熔点合金（锡铅等）或其他印模材料等将被测表面印模下来，然后对复制印模表面进行测量。

由于印模材料不可能充满谷底，其测量值略有缩小，可查阅有关资料或自行试验得出修正系数，并在计算中加以修正。

四、能力训练

（一）操作条件

（1）车辆拆卸钳工实训室 300 m²。

（2）车辆拆卸工作台 30 张。

（3）拆卸工具：拔盘器、橡胶锤、开口梅花两用扳手、三爪拉马和螺丝刀等。

（4）测量工具：直尺、三角板、游标卡尺、千分尺、百分表、笔和纸等。

（二）安全及注意事项

（1）注意选择正确的拆卸工具，保持工具的清洁。

（2）卸下的螺栓、螺钉、螺母、垫圈和其他零件，应按顺序成套成组分别放置，避免装错。

（3）测量工具要注意整洁、干净，避免生锈。

（4）工具和零件要分别放置，细小零件和易损零件要专门存放，以防丢失或损坏。

（5）测量时注意轻拿轻放，避免损坏测量工具。

（三）操作过程

按照表 1.18 所示操作步骤，完成发电机表面粗糙度设计。

表 1.18　发电机表面粗糙度设计

序号	步　骤	操作方法	操作记录
1	发电机转轴表面粗糙度测量	（1）利用比较法测量转轴表面粗糙度； （2）记录配合位置的表面粗糙度值	
2	发电机带轮内孔表面粗糙度测量	（1）利用比较法测量带轮内孔表面粗糙度； （2）记录配合位置的表面粗糙度值	

（四）学习结果评价

对发电机表面粗糙度操作进行评价，完成表 1.19 的填写。

表 1.19　发电机表面粗糙度操作评分标准

基本信息	姓名		学号		班级		组别	
	角色	主修人员□	辅修人员□	工具管理□	零件摆放□	安全监督□	质量检验□	6S 监督□
	规定时间		完成时间		考核日期		总评成绩	
考核内容	序号	步　骤		完成情况		标准分	评分	
				完成	未完成			
	1	发电机转轴表面粗糙度测量				30		
	2	发电机带轮内孔表面粗糙度测量				30		
6S 管理	整理、整顿、清扫、清洁、素养、安全					10		
团队协作						10		
沟通表达						10		
工单填写						10		
教师评语								

五、课后作业

（一）选择题

1. 表面粗糙度值越小，则零件的（　　　）。

A. 耐磨性越好　　　　　B. 配合精度越高　　　　C. 抗疲劳强度越差

D. 传动灵敏性越差　　　E. 加工越容易

2. 选择表面粗糙度评定参数值时，下列论述正确的有（　　　）。

A. 同一零件上工作表面应比非工作表面参数值大

B. 摩擦表面应比非摩擦表面的参数值小　　　C. 配合质量要求高时，参数值应小

D. 尺寸精度要求高时，参数值应小　　　　　E. 受交变载荷的表面，参数值应大

3. 表面粗糙度代（符）号在图样上应标注在（　　　）。

A. 可见轮廓线上　　　B. 尺寸界线上　　　　C. 虚线上

D. 符号尖端从材料外指向被标注表面　　　　E. 符号尖端从材料内指向被标注表面

（二）判断题

1. 选择表面粗糙度评定参数值应尽量小。（　　　）

2. 零件的尺寸精度越高，通常表面粗糙度参数值相应取得越小。（　　　）

3. 零件的表面粗糙度值越小，则零件的尺寸精度应越高。（　　　）

4. 摩擦表面应比非摩擦表面的表面粗糙度值小。（　　　）

5. 要求配合精度高的零件，其表面粗糙度值应大。（　　　）

6. 受交变载荷的零件，其表面粗糙度值应小。（　　　）

（三）改错题

改正下图所示表面粗糙度代号标注中的错误。

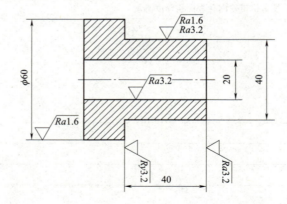

车辆零件结构如图 2.1 所示。

图 2.1　车辆零件结构

工作任务 1

发电机垫圈零件图绘制

发电机垫圈零件如图 2.2 所示。

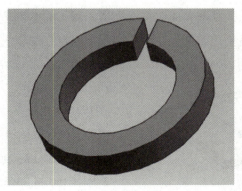

图 2.2　垫圈零件

项目2 任务1
职业能力1

职业能力1　能绘制发电机垫圈零件

职业能力要求：通过项目1的车辆零部件拆装操作可初步认识工程零部件结构；通过对汽车零件尺寸的测量，能加深对车辆零部件内部结构和工作原理的了解；通过对车辆零部件的标准图线认识，可以更深入地了解车辆零部件的结构原理，为后续毕业工作做准备。

一、核心概念

（1）图幅：全称是图纸幅面，指绘制图样的图纸的大小，可分为基本幅面和加长幅面两种。

（2）标题栏：用来填写零部件名称、所用材料、图形比例、图号、单位名称及设计、审核、批准等有关人员的签字。

（3）图线：是构成图样的基本要素。

二、学习目标

（1）掌握绘图工具的使用方法。

（2）掌握国家制图的图幅规定。

（3）掌握国家制图的字体规定。

（4）掌握国家制图的图线规定。

三、基本知识

（一）常用绘图工具

绘图工具、仪器是工程制图的基础工具，掌握绘图工具、仪器的正确使用方法，是保证绘图质量和提高绘图效率的有效途径。本部分内容主要介绍常用绘图工具、仪器的使用常识。

1. 图板、丁字尺和三角板

图板是铺贴图纸用的，其上表面应平滑光洁。图板的左侧边为丁字尺的导边，应该平直光滑。图板的尺寸规格要比图纸大，图纸用胶带固定在图板上。当图纸较小时，应将图纸铺贴在图板靠近左上方的位置，如图2.3所示。

图板尺寸规格：

0号（900 mm×1 200 mm）；

1号（600 mm×900 mm）；

2号（450 mm×600 mm）。

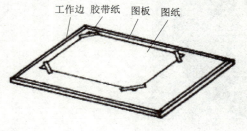

图2.3　标准图板

丁字尺由尺头和尺身两部分组成，主要用来画水平线。使用时，左手握住尺头，使尺头内侧边紧靠图板导边，上下移动到绘图所需位置，由左至右画水平线，如图 2.4 所示。

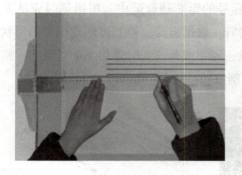

图 2.4　手工绘制图线

如图 2.5 所示，一副三角板由 45° 和 30°、60° 两块组成，*L* 为其规格尺寸。三角板与丁字尺配合使用，可画垂直线以及与水平方向成 30°、60°、15°、75° 的倾斜线。

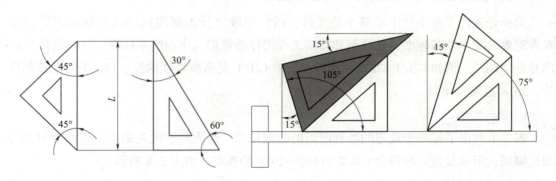

图 2.5　三角板

2. 圆规和分规

圆规用来画圆和圆弧。画图时应尽量使钢针和铅芯都垂直于纸面，钢针的台阶与铅芯尖应平齐，使用方法如图 2.6（a）所示。

分规用来截取线段、等分线段或圆弧（常用于试分法）以及量取尺寸。分规的两个针尖并拢时应对齐，如图 2.6（b）所示。

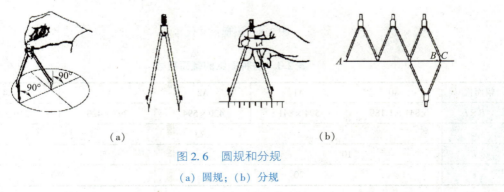

（a）　　　　　　　　　　　　　　　　　（b）

图 2.6　圆规和分规

（a）圆规；（b）分规

3. 铅笔

绘图铅笔依笔芯的软硬有 B、HB、H 等多种标号。B 前面的数字越大，表示铅芯越软。H 前面的数字越大，表示铅芯越硬，HB 标号的铅芯硬软适中。削铅笔时应从无标号的一端削起以保留标号，铅芯露出 6 ~ 8 mm 为宜。根据需要，铅芯可削成相应的形状。打底稿或画细线时选用 H 型铅笔，铅芯削成锥状；写字或画箭头时选用 HB 型铅笔，铅芯削成锥状；画粗线时选用 HB 或 B 型铅笔，铅芯削成四棱柱状，如图 2.7 所示。

图 2.7　铅笔

（二）国家标准《机械制图》的基本规定

图样是现代工业生产中最基本的文件。国家标准《技术制图》和《机械制图》是工程界重要的技术基础标准，是绘制和阅读工程图样的依据。中国国家标准（简称国标）的代号是"GB"。例如 GB/T 17852—2018，其中 GB/T 表示推荐性国标，17852 为发布顺序号，2018 是发布年号。

1. 图纸幅面尺寸

表 2.1 列出了标准中规定的各种图纸的幅面尺寸，绘图时应优先采用，但必要时允许加长幅面，但加长量必须符合 GB/T 17852—2018 的规定，如图 2.8 所示。

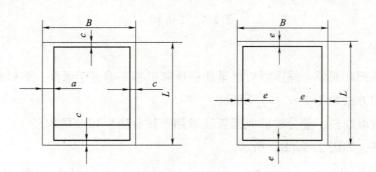

图 2.8　图幅尺寸代号

表 2.1　各种图纸的幅面尺寸

幅面代号	A0	A1	A2	A3	A4
$B \times L$	841 × 1 189	594 × 841	420 × 594	297 × 420	210 × 297
a	25				
c	10			5	
e	20			10	

2. 图框格式

图纸上均需用粗实线画出图框，其格式分为留装订边和不留装订边两种，如图 2.9 所示。同一产品图纸只能采用一种格式，装订时通常采用 A3 横装或 A4 竖装。

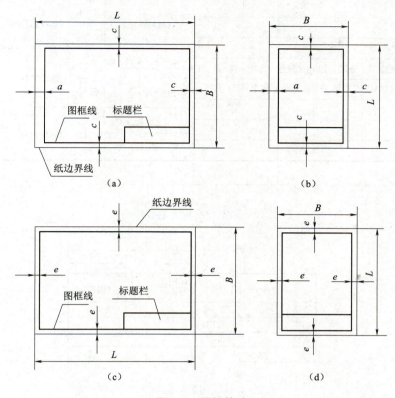

图 2.9　图框格式

（a）（b）留装订边；（c）（d）不留装订边

3. 标题栏

国家标准（GB/T 17852—2018）对标题栏的内容、格式及尺寸做了统一规定，本书建议作业中采用图 2.11 所示的格式。通常标题栏位于图框的右下角，如图 2.10 所示。标题栏用来填写零部件名称、所用材料、图形比例、图号、单位名称及设计、审核、批准等有关人员的签字。每张图纸的右下角都应有标题栏。标题栏的方向一般为看图的方向。

（1）国家标准规定的标题栏。

在正规的图纸上，标题栏的格式和尺寸应按 GB/T 17852—2018 的规定绘制，如图 2.10 所示。

（2）学校用简易标题栏。

学校的制图作业一般使用图 2.11 所示的简易标题栏。

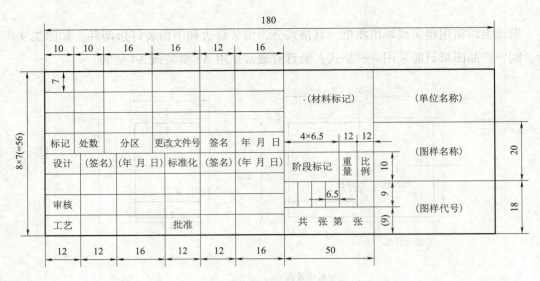

图 2.10　国家标准规定的标题栏

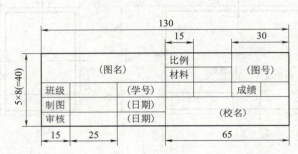

图 2.11　简易标题栏

4. 比例

图中图形与其实物相应要素的线性尺寸之比，称为比例。比例分原值比例、放大比例和缩小比例，如图 2.12 所示。各种比例关系如表 2.2 所示。

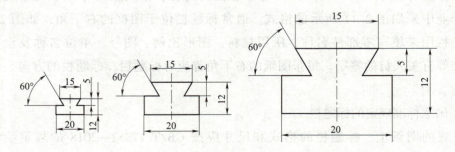

图 2.12　图形比例

表 2.2　各种比例关系

种类	比例系列一	比例系列二
原值比例	1∶1	

续表

种类	比例系列一	比例系列二
放大比例	$2:1$　$5:1$　$(1 \times 10^n):1$　$(2 \times 10^n):1$　$(5 \times 10^n):1$	$2.5:1$　$4:1$　$(2.5 \times 10^n):1$　$(4 \times 10^n):1$
缩小比例	$1:2$　$1:5$　$1:10$　$1:(2 \times 10^n)$　$1:(5 \times 10^n)$　$1:(1 \times 10^n)$	$1:1.5$　$1:2.5$　$1:3$　$1:4$　$1:6$　$1:(1.5 \times 10^n)$　$1:(2.5 \times 10^n)$　$1:(3 \times 10^n)$　$1:(4 \times 10^n)$　$1:(6 \times 10^n)$

比例选用原则：

（1）为了在图样上直接获得实际机件大小的真实概念，应尽量采用 $1:1$ 的比例绘图。

（2）如不宜采用 $1:1$ 的比例时，可选择放大或缩小的比例。但标注尺寸一定要注写实际尺寸。

（3）应优先选用"比例系列一"中的比例。

5. 字体

图样中除了用图形表达机件的结构形状外，还需要用文字、数字、字母说明机件的名称、大小、材料和技术要求等。国家标准《技术制图字体》中，规定了汉字、字母和数字的结构形式。图 2.13 和图 2.14 所示的是图样上常见字体的书写示例。为了使字体美观、易写、整齐，要求在图样中书写的汉字、数字、字母必须做到"字体工整、笔画清楚、间隔均匀、排列整齐"。

10号字　字体工整　笔画清楚　间隔均匀　排列整齐

7号字　横平竖直　注意起落　结构均匀　填满方格

5号字　技术制图　机械电子　汽车船舶　土木建筑

3.5号字　螺纹齿轮　航空工业　施工排水　供暖通风　矿山港口

图 2.13　各种字体大小

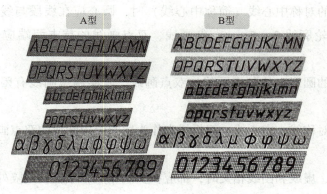

图 2.14　各种字母和数字类型

汉字应写成长仿宋体字，并应采用国家正式公布的简化汉字。汉字的高度 h 不应小于 3.5 mm，字宽一般为 $h/2$。

写长仿宋体字的要领是：横平竖直、注意起落、结构匀称、填满方格。

字母和数字可写成斜体或直体。斜体字字头向右倾斜，与水平基准线成75°。但字母、数字与汉字同时出现时用直体。

（三）图线及其画法

图线是构成图样的基本要素，绘制图样时，根据 GB/T 17852—2018 的规定应采用如表 2.3 所示的图线。

表 2.3　图形及其含义

图线名称	图线形式	代号	图线宽度	主要用途
粗实线	———————	A	粗线	可见轮廓线、可见过渡线
细实线	———————	B	细线	尺寸线、尺寸界线、剖面线、引出线、辅助线
波浪线、	～～～～	C	细线	断裂处的边界线、视图与剖视的分界线
双折线	─╱╲─	D	细线	断裂处的边界线
虚线	- - - - - - -	F	细线	不可见轮廓线、不可见过渡线
细点画线	—·—·—·—	G	细线	轴线、对称中心线、节圆及节线、轨迹线
粗点画线	—·—·—·—	J	粗线	有特殊要求的线或表面的表示线
双点画线	—··—··—	K	细线	假想轮廓线、相邻辅助零件的轮廓线、中断线等

按 GB/T 17852—2018 的规定，在机械图样中采用粗细两种线宽，它们之间的比例为 2：1，粗实线的宽度为 d，d 应取 0.25、0.35、0.5、0.7、1、1.4、2（mm），根据图样的类型、尺寸、比例和缩微复印的要求确定，优先采用 $d = 0.5$ mm 或 0.7 mm。

绘制图样的基本原则：

（1）图样中，同类图线的宽度应基本一致。虚线、点画线及双点画线的短画、长画的长度和间隔应各自大小相等。

（2）绘制圆的对称中心线（简称中心线）时，圆心应在线段与线段的交点处，细点画线要超出圆的轮廓线 2～5 mm。点画线、双点画线的首末两端应是长画即线段而不是点。

（3）在较小的圆形上绘制点画线、双点画线，若绘制短画线有困难时，可用细实线代替。

（4）轴线、对称线、中心线、双折线和作为留间隙中断线的双点画线，应超出轮廓线 2～5 mm。

（5）点画线、虚线和图线相交时，都应在实线相交，不应在间隔处相交。

（6）当虚线处于粗实线的延长线上时，粗线段相交实线应画到分界点，而虚线应留有间隔；当圆弧和虚线直线相切时，虚线圆弧的短画应画到切点，而虚线直线需留有间隔。此外还应注意：两条平行线之间的距离不应小于粗实线宽度的 2 倍，如图 2.15 所示。

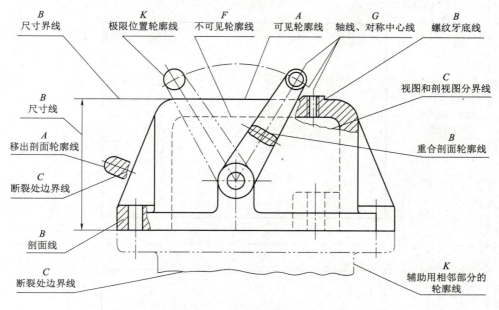

图 2.15　图形的应用

四、能力训练

（一）操作条件

（1）车辆零部件制图室 300 m²。

（2）车辆零部件绘图工作台、丁字尺、图板 30 张。

（3）制图模型若干。

（4）测量工具：直尺、三角板、游标卡尺、千分尺、百分表、笔和纸等。

（二）安全及注意事项

（1）保持手工制图实训室内肃静，室内不得喧哗，自觉维护制图室良好的学习环境。

（2）要爱护公物，对桌椅、黑板、门窗、灯具、玻璃、消防设备等不得损坏，不得在室内随意涂抹、刻画，遵守《手工制图实训室管理制度》。

（3）自觉维护手工制图实训室卫生，不得乱丢果皮、纸屑，不得在教室内吸烟，不得随地吐痰，不得随意张贴与教学无关的纸张。

（4）工具和零件要分别放置，细小零件和易损零件要专门存放，以防丢失或损坏。

（5）测量时注意轻拿轻放，避免损坏测量工具。

（三）操作过程

按照表 2.4 所示操作步骤完成发电机垫圈的绘制。

车辆零部件拆装与修配

表 2.4　发电机垫圈的绘制

序号	步骤	操作方法	操作记录
1	绘制 A4 图纸标准图框		
2	绘制标题栏		
3	抄写垫圈投影视图		

（标题栏）垫圈　比例 1:1　材料 45　数量 1　制图　学号　审核　（学校班级）

（四）学习结果评价

对发电机垫圈绘制操作进行评价，完成表 2.5 的填写。

表 2.5　发电机垫圈绘制评分标准

基本信息	姓名		学号		班级		组别	
	角色	主修人员□	辅修人员□	工具管理□	零件摆放□	安全监督□	质量检验□　6S 监督□	
	规定时间		完成时间		考核日期		总评成绩	
考核内容	序号	步　骤		完成情况		标准分	评分	
				完成	未完成			
	1	绘制 A4 图纸标准图框				10		
	2	绘制标题栏				30		
	3	抄写垫圈投影视图				20		
6S 管理	整理、整顿、清扫、清洁、素养、安全					10		
团队协作						10		
沟通表达						10		
工单填写						10		
教师评语								

五、课后作业

（一）填空题

1. 在工程技术中为了准确地表达机械、仪器、建筑物等物的形状、结构和大小，根据投影原理标准或有关规定画出的图形，叫作_____。

2. 在图纸上必须用_____画出图框，标题栏一般应位于图纸的_____方位。

3. 图样中，机件的可见轮廓线用_____画出，不可见轮廓线用_____画出，尺寸线和尺寸界限用_____画出，对称中心线和轴线用_____画出。

4. 比例是_____与_____相应要素的线性尺寸比，在画图时应尽量采用原值比例，必要时也可采用放大或缩小的比例，其中 1：2 为_____比例，2：1 为_____比例。无论采用哪种比例，图样上标注的应是机件的_____尺寸。

（二）作图题

1. 请根据国家标准要求绘制粗实线、细实线、细虚线、细点画线、波浪线等五种不同类型的图线。

2. 按照 1：1 比例抄画下图所示吊钩图形。

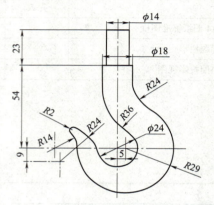

职业能力 2　能标注发电机垫圈零件尺寸

项目 2 任务 1
职业能力 2

职业能力要求：了解车辆零部件尺寸标注的国家相关规定，熟悉标准工程中各类图形，为毕业后独立承担相应工作做准备。

一、核心概念

（1）尺寸界线：用来表示所标注尺寸的范围。

（2）尺寸线：用来表示尺寸度量的范围。

（3）尺寸数字：用来表示所标注尺寸的实际大小。

二、学习目标

（1）了解国家标准尺寸标注的基本表述。

（2）掌握车辆零部件尺寸标注方法。

三、基本知识

（一）尺寸标注基本原则

根据 GB/T 17852—2018 规定，机器零件的形状可用图形来描述，但其大小必须依靠图样上标注的尺寸来确定。因此，尺寸标注是绘制机械图样的一项重要内容。尺寸标注基本原则：

（1）机件的真实大小应以图样上所注的尺寸数值为依据，与图形的大小及绘图的准确度无关。

（2）图样中的尺寸以 mm 为单位时，不需注明。如采用其他单位，则必须注明单位符号。

（3）图样中标注的尺寸，为该图样所示机件的最后完工尺寸，否则应另加说明。

（4）机件的每一尺寸，一般仅标注一次，并应标注在反映结构最清晰的图形上。

此外，为了使标注的尺寸清晰易读，标注尺寸时可按下列尺寸绘制：尺寸线到轮廓线、尺寸线和尺寸线之间的距离取 6～10 mm，尺寸界线超出尺寸线 2～3 mm，尺寸数字一般为 3.5 号字，箭头长 5 mm，箭头尾部宽 1 mm，如图 2.16 所示。

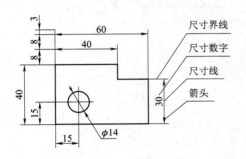
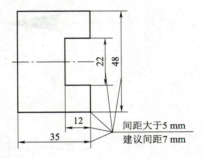

图 2.16　尺寸标注的组成

（二）标注尺寸的要素

一个完整的尺寸应由尺寸界线、尺寸线及终端和尺寸数字三个部分组成。

1. 尺寸界线

尺寸界线用细实线绘制，并应由图形的轮廓线、轴线或对称中心线处引出。也可借用图形轮廓线、轴线或对称中心线作尺寸界线。尺寸界线一般应与尺寸线垂直，并应超出尺寸线末端箭头约 2 mm，必要时允许倾斜，但两尺寸界线应相互平行，如图 2.17 所示。

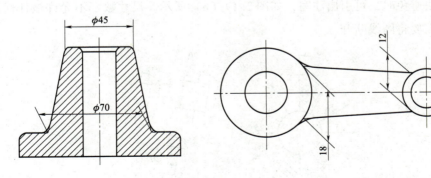

图 2.17　尺寸界线标注

角度尺寸界线应沿着径向引出，弧长及弦长的尺寸界线应平行于弦的垂直平分线。

2. 尺寸线及终端

尺寸线用细实线绘制,尺寸线表示所注尺寸的度量范围。尺寸线必须单独画出,不能用其他图线代替,一般也不得与其他图线重合或画在其延长线上。标注线性尺寸时,尺寸线必须与所注的线段平行。

尺寸线的终端可以有下列两种形式,如图2.18所示。

(1)箭头:如图2.18(a)所示,箭头适用于各种类型的图样。

(2)斜线:如图2.18(b)所示,斜线用细实线绘制。

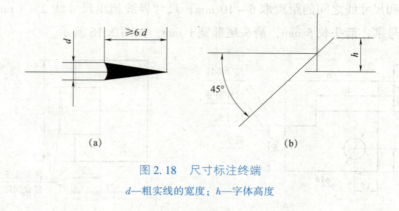

(a)   (b)

图2.18 尺寸标注终端

d—粗实线的宽度;h—字体高度

机械图样中一般采用箭头作为尺寸线的终端。当尺寸线与尺寸界线相互垂直时,同一张图样中只能采用一种尺寸线终端的形式。

3. 尺寸数字

尺寸数字用来表示所注尺寸的数值,是图样中指令性最强的部分,要求注写尺寸时要认真仔细、字迹清楚,避免可能造成误解的一切因素。

水平线性尺寸的数字一般应注写在尺寸线的上方,数字由左向右书写,字头朝上;竖直线性尺寸的数字应注写在尺寸线左侧,由下向上书写,字头朝左,如图2.19(a)所示倾斜方向的尺寸一般应注写在尺寸线靠上的一方。应尽量避免在铅垂方向30°内标注尺寸数字,当无法避免时,可引出注写,如图2.19(b)所示。尺寸数字不允许被任何图线所通过,否则需要将图线断开。

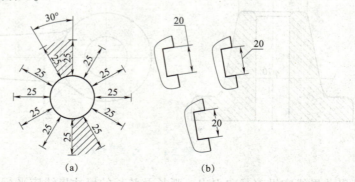

(a)   (b)

图2.19 尺寸数字的注写方向

（三）标注尺寸实例

例 2.1：水平线性尺寸标注方式，其示例如图 2.20 所示。

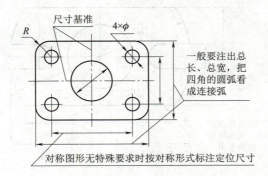

图 2.20　平面图形的尺寸标注示例 1

例 2.2：竖直线性尺寸标注方式，其示例如图 2.21 所示。

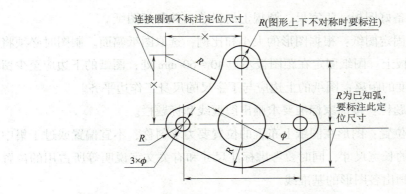

图 2.21　平面图形的尺寸标注示例 2

例 2.3：圆弧尺寸标注方式，其示例如图 2.22 所示。

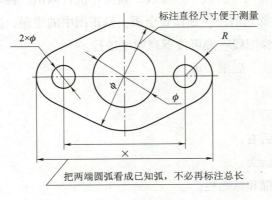

图 2.22　平面图形的尺寸标注示例 3

例2.4： 尺寸标注图线引出方式，其示例如图2.23所示。

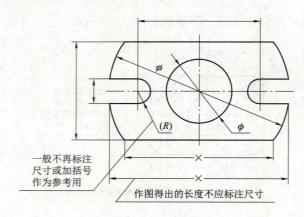

一般不再标注
尺寸或加括号
作为参考用

作图得出的长度不应标注尺寸

图2.23　平面图形的尺寸标注示例4

（四）绘图的基本方法与步骤

（1）画图前应准备好图板、丁字尺、圆规上的铅芯，并备好图纸。

（2）确定图幅、固定图纸：根据图形的大小和比例，选取图纸幅面。制图时必须将图纸用胶带纸固定在图板上。图纸固定在距图板左边40~60 mm处；图纸的下边应至少留有丁字尺尺身1.5倍宽度的距离；图纸的上边应与丁字尺的尺身工作边平齐。

（3）画图框和标题栏：按国家标准要求画出图框线和标题栏。

（4）布置图形的位置：图形在图纸上布置的位置要力求匀称，不宜偏置或过于集中某一角。根据每个图形的长宽尺寸，同时要考虑标注尺寸和有关文字说明等所占用的位置来确定各图形的位置，画出各图形的基准线。

（5）画底稿：用H或2H铅笔尽量轻、细、准地绘好底稿。底稿线应分出不同线型，但不必分粗细，一律用细线画出。作图时应先画主要轮廓，再画细节。

（6）标注尺寸：应将尺寸界线、尺寸线、箭头一次性画出，再填写尺寸数字。

（7）检查描深：描深之前应仔细检查全图，修正图中的错误，擦去多余的图线。描深时按线型选择铅笔。加深图线一般可按下列顺序进行：

不同线型，先粗、实，后细、虚；

有圆有直，先圆后直；

多条水平线，先上后下；

多条垂直线，先左后右；

多个同心圆，先小后大；

最后加深斜线、图框和标题栏。

（8）全面检查，填写标题栏：描深后再次全面检查，确认无误后，填写标题栏，完成全图。

四、能力训练

（一）操作条件

（1）车辆零部件制图室 300 m²。

（2）车辆零部件绘图工作台、丁字尺、图板 30 张。

（3）制图模型若干。

（4）测量工具：直尺、三角板、游标卡尺、千分尺、百分表、笔和纸等。

（二）安全及注意事项

（1）保持手工制图实训室内肃静，室内不得喧哗，自觉维护制图室良好的学习环境。

（2）要爱护公物，对桌椅、黑板、门窗、灯具、玻璃、消防设备等不得损坏，不得在室内随意涂抹、刻画，遵守《手工制图实训室管理制度》。

（3）自觉维护手工制图实训室卫生，不得乱丢果皮、纸屑，不得在教室内吸烟，不得随地吐痰，不得随意张贴与教学无关的纸张。

（4）工具和零件要分别放置，细小零件和易损零件要专门存放，以防丢失或损坏。

（5）测量时注意轻拿轻放，避免损坏测量工具。

（三）操作过程

按照表 2.6 的操作步骤，完成发电机垫圈零件尺寸标注。

表 2.6　发电机垫圈零件尺寸标注

序号	步骤	操作方法	操作记录
1	标注线性尺寸		
2	标注圆弧半径		

（四）学习结果评价

对发电机垫圈零件尺寸标注操作进行评价，完成表2.7的填写。

表2.7　发电机垫圈零件尺寸标注操作评分标准

基本信息	姓名		学号		班级		组别	
	角色	主修人员□	辅修人员□	工具管理□	零件摆放□	安全监督□	质量检验□	6S监督□
	规定时间		完成时间		考核日期		总评成绩	
考核内容	序号	步骤		完成情况		标准分	评分	
				完成	未完成			
	1	标注线性尺寸				30		
	2	标注圆弧半径				30		
6S管理	整理、整顿、清扫、清洁、素养、安全					10		
	团队协作					10		
	沟通表达					10		
	工单填写					10		
教师评语								

五、课后作业

（一）填空题

1. 一个完整的尺寸应该包括_____、_____、_____三部分。

2. 图样上的尺寸是零件的_____尺寸，尺寸以_____为单位时，不需标注代号或名称。

3. 标注水平尺寸时，尺寸数字的字头方向应_____，标注垂直尺寸时，尺寸数字的字头方向应_____，角度的尺寸数字一律_____位置书写，当任何图线穿过尺寸数字时都必须_____。

4. 工程技术人员用于表达设计思想、进行技术交流时所绘制的各种图，通常称为_____。

5. 绘制圆的对称中心线时，其圆的相交处应是_____，超出轮廓线的长度为3～5 mm，当圆直径较小时，中心线可用_____代替。

6. 尺寸线之间与尺寸界线之间应避免_____。

7. 尺寸数字可写在尺寸线的_____或_____处。

(二) 作图题

1. 请按实际测量值取整数，标注下列图形尺寸。

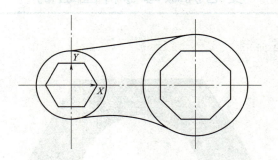

2. 请改正下列尺寸的错误。

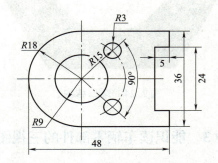

3. 标注下列组合体尺寸（尺寸数值按 1∶1 在图中量取，取整数）。

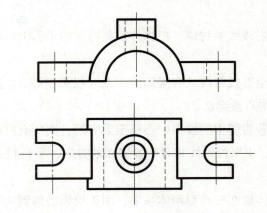

工作任务 2

发电机螺母零件图绘制

螺母结构如图 2.24 所示。

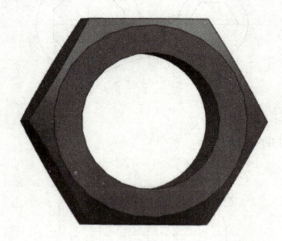

图 2.24　螺母结构

项目 2 任务 2
职业能力 3

职业能力 3　能识读车辆零部件的三视图投影法

职业能力要求：通过识读三视图投影法，初步认识三视图的形成，为后续的零件图及装配图绘制做准备。

一、核心概念

（1）投影法：用投射线照射物体，把物体投到特定的平面上而得到物体图形的方法称为投影法。

（2）中心投影法：全部投射线从有限远的一点（投影中心 S）投射出，在投影面上作出物体投影的方法称为中心投影法。

（3）平行投影法：若将图中的投影中心移至无穷远，则所有投射线都相互平行，这种投影法称为平行投影法。根据投射线相对于投影面的方向，平行投影法又分为正投影法和斜投影法。

（4）三视图：把物体放在三投影面体系中，用正投影法得到物体的三个投影，称为三视图，如图 2.25 所示。

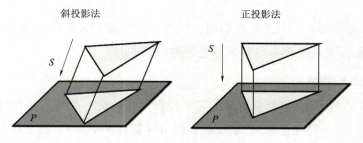

图 2.25　斜投影和正投影

二、学习目标

（1）掌握投影法与正投影法的基本性质。

（2）掌握三视图的形成及投影规律。

三、基本知识

所谓投影，就是一组投射线通过物体射向预定平面上得到图形的方法。预定平面 P 称为投影面，在 P 面上所得到的图形称为投影。

由投影中心、投射线和投影面三要素所决定的投影法可分为中心投影法和平行投影法。

全部投射线从有限远的一点（投影中心 S）投射出，在投影面上作出物体投影的方法称为中心投影法。这种投射线汇交于一点的投影法叫作中心投影法。中心投影法所获得的投影图形面积会缩小，所以中心投影法所得投影不能反映物体的真实形状和大小，因此在机械图样中很少使用。

将投影中心 S 移到离投影面无穷远处，则所有的投射线都相互平行，这种投射线相互平行的投影方法叫作平行投影法，如图 2.25 所示。平行投影法又以投射线是否垂直于投影面分为斜投影法和正投影法两种。

（1）斜投影法是指投射线倾斜于投影面的投影方法。

（2）正投影法是指投射线垂直于投影面的投影方法。

（一）正投影法的基本特性

1. 实形性

当直线（平面图形）与投影面平行时，其投影反映直线的实长（平面图形的实形）的性质。

2. 积聚性

当直线（平面图形）垂直于投影面时，直线的投影在投影面上积聚为一点（平面图形的投影在投影面上积聚为一条直线）的投影性质。

3. 类似性

当直线（平面图形）与投影面倾斜时，直线在投影面上的投影仍为直线，但小于实长（平面图形在投影面上的投影为与实形不全等的类似平面）。

（二）三视图的组成

如图 2.26（a）所示，取相互垂直的三个投影面，构成一个三投影面体系。三个投影面分别为正投影面 V（简称正面）、水平投影面 H（简称水平面）、侧立投影面 W（简称侧面）。三个投影面的交线 OX、OY、OZ 相互垂直，分别代表长、宽、高三个方向，称为投影轴。把空间几何体放置在三投影面体系中，用正投影法向各投影面投射，即可得到正面投影、水平投影和侧面投影。为方便绘图，将三个投影面展开放置在同一平面上，规定正面不动，水平面绕 OX 轴向下旋转90°，侧面绕 OZ 轴向右旋转90°，就可得到如图 2.26（b）所示的三视图。同时规定如下：

（1）空间几何体的正面投影——主视图（由前向后投影所得的图形）。

（2）空间几何体的水平投影——俯视图（由上向下投影所得的图形）。

（3）空间几何体的侧面投影——左视图（由左向右投影所得的图形）。

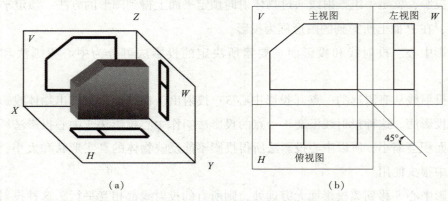

（a）　　　　　　　　（b）

图 2.26　三投影面体系和三视图

（a）三投影面体系；（b）三视图

（三）三视图之间的关系

1. 位置关系

从上述三视图的形成过程，就可以找出三个视图的位置关系。

（1）以主视图为中心；

（2）俯视图在主视图的正下方；

（3）左视图在主视图的正右方。

画一个空间几何体的三视图时，就必须以主视图为主，按上述关系排列三个视图的位置，并且要求视图之间要相互对齐、对正，不能错开，更不能相互倒置。

2. 尺寸关系

如图 2.27 所示，每一个几何体都有长、宽、高三个方向的尺寸。一般规定，几何体

沿 X 轴方向（左右之间）的尺寸为长；沿 Y 轴方向（前后之间）的尺寸为宽；沿 Z 轴方向（上下之间）的尺寸为高。

从图 2.27 中可以看出，一个视图只能反映出几何体两个方向的尺寸。那么，主视图可以反映出几何体的长和高；俯视图可以反映出几何体的长和宽；左视图可以反映几何体的宽和高。而一个空间几何体在长、宽、高方向的尺寸是唯一的、确定的，由此可以归纳出三视图间的尺寸关系。

（1）主、俯视图都反映了几何体的长度，即几何体在主、俯视图上相应投影长度相等，并且对正。

（2）主、左视图都反映了几何体的高度，即几何体在主、左视图上相应投影高度相等，并且平齐。

（3）俯、左视图都反映了几何体的宽度，即几何体在俯、左视图上相应投影宽度相等。

通过以上分析，可以将三视图之间的尺寸关系总结概括如下。

（1）主、俯视图长度相等——长对正；

（2）主、左视图高度相等——高平齐；

（3）俯、左视图宽度相等——宽相等。

"长对正、高平齐、宽相等"的尺寸对应关系是三视图的重要特征，是绘制和识读三视图的主要依据之一。

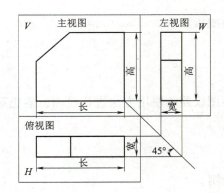
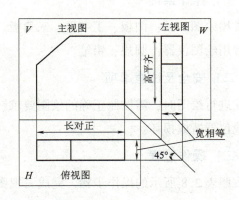

图 2.27　三视图的重要特征

3. 方位关系

一个空间几何体，有上、下、左、右、前、后六个方位，如图 2.28 所示，若将其方位关系也随三视图而展开，从图中就可以观察到以下几种关系。

（1）主视图反映的是几何体的上和下、左与右的位置关系。

（2）俯视图反映的是几何体的前和后、左与右的位置关系。

（3）左视图反映的是几何体的上和下、前与后的位置关系。

通过上述分析，可以发现，仅通过一个视图是无法完整反映一个几何体的空间位置的，必须将三个视图两两结合起来、对比分析，才能完整反映几何体的空间位置关系。

另外，由三视图的尺寸关系可以推断出其方位关系，如由长度方向可以分出左右位置；由高度方向可以分出上下或高低位置；由宽度方向可以分出前后位置。由于 H、W 两投影面在展开摊平时按不同方向旋转 $90°$ 的缘故，在绘制和识读三视图时，特别需要注意俯、左视图反映的前、后对应位置关系（见图 2.28）。

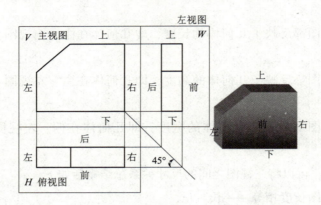

图 2.28　三视图的对应关系

四、能力训练

（一）操作条件

常用绘图工具：图板、丁字尺、三角板、曲线板。

常用绘图仪器：圆规、铅笔。

（二）安全及注意事项

在进行绘图时，需按照正确的绘图要求、绘图仪器的使用方法进行绘图，避免对绘图工具或仪器造成损坏。

（三）操作过程

按照表 2.8 所示的操作步骤，完成三视图绘制。

表 2.8　三视图绘制操作步骤

序号	步骤	操作方法及说明	质量标准
1	选择主视图的投影方向	俯视图方向 左视图方向 主视图方向	（1）最能反映形体的特征形状； （2）虚线少； （3）沿 X 轴方向尺寸大

续表

序号	步骤	操作方法及说明	质量标准
2	先画反映形体特征的视图	主视图	能清楚地表达主要形体的形状特征
3	逐个画其他视图，并检查和描粗加深	高平齐　高 主视图　长　左视图 宽 俯视图　宽相等 长对正	能够同时满足三视图的位置、尺寸、方位等关系

（四）学习结果评价

对三视图绘制操作进行评价，完成表2.9的填写。

表2.9　三视图绘制操作评分标准

基本信息	姓名		学号		班级		组别	
	角色	主修人员□	辅修人员□	工具管理□	零件摆放□	安全监督□	质量检验□	6S监督□
	规定时间		完成时间		考核日期		总评成绩	

考核内容	序号	步骤	完成情况		标准分	评分
			完成	未完成		
	1	主视图的选择			5	
	2	主视图的绘制			15	
	3	左视图的绘制			15	
	4	俯视图的绘制			15	
	5	三个视图的对应关系			10	
6S管理	整理、整顿、清扫、清洁、素养、安全				10	
团队协作					10	
沟通表达					10	
工单填写					10	
教师评语						

五、课后作业

（一）填空题

1. 根据投影线、形体和投影面之间的关系不同，投影法分为_____和_____。

2. 三面投影系由_____、_____、_____组成。

3. 三面投影图的三等关系是_____、_____、_____。

4. 正面投影反映形体的_____、_____位置关系。

5. 水平投影反应形体的_____、_____位置关系。

6. 侧面投影反应形体的_____、_____位置关系。

（二）选择题

1. 以下投影是中心投影的是（　　　）。

A. 三视图　　　　　　　　　　　　B. 人的视觉

C. 斜二测画法　　　　　　　　　　D. 人在中午太阳光下的投影

2. 以下投影是平行投影的是（　　　）。

A. 俯视图　　　　　　　　　　　　B. 路灯底下一个变长的身影

C. 将书法家的真迹用电灯光投影到墙壁上　D. 以一只白炽灯为光源的皮影

3. 皮影戏是在哪种光照射下形成的？（　　　）

A. 灯光　　　　　B. 太阳光　　　　　C. 平行光　　　　　D. 都不是

4. 以下各种现象属于中心投影现象的是（　　　）。

A. 上午 10 点时，走在路上的人的影子

B. 晚上 10 点时，走在路灯下的人的影子

C. 中午用来乘凉的树影

D. 升国旗时，地上旗杆的影子

5. 小刚走路时发现自己的影子越走越长，这是因为（　　　）。

A. 从路灯下走开，离路灯越来越远　　B. 走到路灯下，离路灯越来越近

C. 人与路灯的距离与影子长短无关　　D. 路灯的灯光越来越亮

6. 如右图，AB、CD 是两根木杆，它们在同一平面内的同一直
线 MN 上，那么以下有关表达正确的选项是（　　　）。

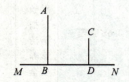

A. 假设射线 BN 正上方有一盏路灯，那么 AB、CD 的影子都在
射线 BN 上

B. 假设线段 BD 正上方有一盏路灯，那么 AB 的影子在射线 BM 上，CD 的影子在射线
DN 上

C. 假设在射线 DN 正上方有一盏路灯，那么 AB、CD 的影子都在射线 BN 上

D. 假设太阳处在线段 BD 的正上方，那么 AB、CD 的影子位置与选项 B 中一样

7. 如果在一盏路灯的周围有一圈栏杆，那么以下表述中不正确的选项是（　　　）。

A. 假设栏杆的影子落在围栏里，那么是在太阳光照射下形成的

B. 假设这盏路灯有影子，那么说明是在白天形成的影子

C. 假设所有的栏杆的影子都在围栏外，那么是在路灯照射下形成的

D. 假设所有的栏杆的影子都在围栏外，那么是在太阳光照射下形成的

8. 下面哪项是六棱柱的三视图？（　　　）

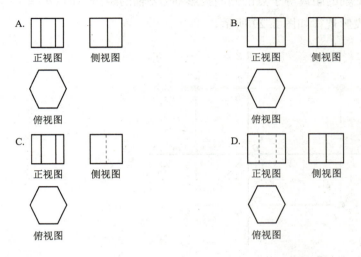

职业能力 4　能识读车辆零部件图线的投影

项目 2 任务 2
职业能力 4

职业能力要求：通过识读点、线和面的投影，初步认识基本体的投影规律，为后续的零件图及装配图绘制做准备。

一、核心概念

（1）重影点：属于同一条投射线上的点，在该投射线所垂直的投影面上的投影重合为一点。空间的这些点，称为该投影面的重影点。

（2）平面体：立体表面是由若干面所组成的，如棱柱、棱锥。

（3）曲面体：表面由曲面组成，或由平面与曲面组成，如圆柱、圆锥、球等。

二、学习目标

（1）掌握平面体的画图方法以及尺寸标注。

（2）掌握回转体的画图方法以及尺寸标注。

三、基本知识

常见的基本体分为平面体和回转体，平面体包括棱柱、棱锥。回转体包括圆柱、圆锥、球体。

（一）点投影

1. 点在三投影面体系中的投影规律

A 点的直角坐标 X_A、Y_A、Z_A 与点的三面投影 a、a'、a'' 之间的关系如下：

（1）点的水平投影与正面投影的连线垂直于 OX 轴，即 $a'a \perp OX$；

（2）点的正面投影和侧面投影的连线垂直于 OZ 轴，即 $a'a'' \perp OZ$；

（3）点的水平投影到 OX 轴的距离等于点的侧面投影到 OZ 轴的距离，即 $aa_X = a''a_Z$。

点在三投影面体系中的投影规律如图 2.29 所示。

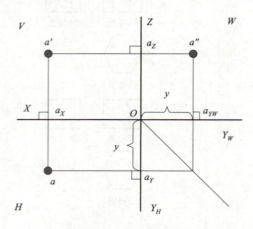

图 2.29 点的三面投影

如图 2.30 所示，点 $A \in V$ 面，它的一个坐标为零，在 V 面上的投影与该点重合，在其他投影面上的投影分别落在相应的投影轴上。同理，请读者分析 B 点的投影。投影轴上的点有两个坐标为零，在包含这条投影轴的两个投影面上的投影均与该点重合，另一投影落在原点上，如图 2.30 所示的 C 点。

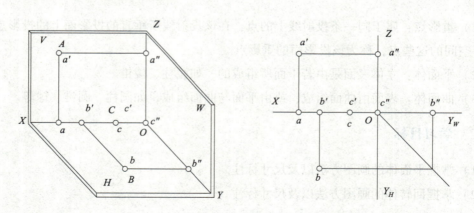

图 2.30 投影面和投影轴上的点

2. 两点间的相对位置及重影点

在两个点的三面投影中可以看出它们的相对位置，即上下、左右、前后的位置关系。

如图 2.31 所示，两点中，X 坐标值大的在左；Y 坐标值大的在前；Z 坐标值大的在上。即点 A 在点 B 之左、前、下方。

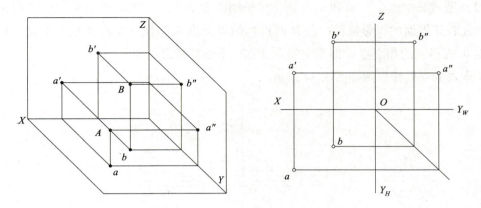

图 2.31　两点间的相对位置

属于同一条投射线上的点，在该投射线所垂直的投影面上的投影重合为一点。空间的这些点，称为该投影面的重影点，如图 2.32 所示。

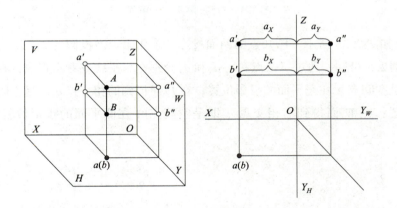

图 2.32　重影点和可见性

例2.5：已知 A 点的坐标为 $A(12，10，15)$，请在图 2.33 中作 A 点的三面投影图。

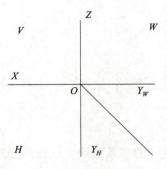

图 2.33　点投影实例 1

解:(1)分别在 X 轴、Y 轴和 Z 轴测量长度 12 mm、10 mm 和 15 mm,得到三个点 a_X、a_Y 和 a_Z。

(2)通过三个点 a_X、a_Y 和 a_Z 分别作水平线或者垂直线,在 V 面得到的相交点 a' 即是空间点 A 在正平面的投影位置;在 H 面得到的相交点 a 即是空间点 A 在水平面的投影位置;在 W 面得到的相交点 a'' 即是空间点 A 在侧平面的投影位置。

所求点的三面投影图如图 2.34 所示。

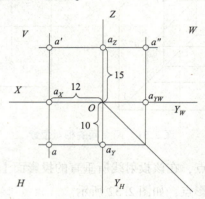

图 2.34　点投影实例 1 解答

例 2.6:如图 2.35 所示,已知点的两面投影,求作第三面投影。

解:由例 2.5 可知,通过三个点 a_X、a_Y 和 a_Z 分别作水平线或者垂直线,在 V 面得到的相交点 a' 即是空间点 A 在正平面的投影位置;在 H 面得到的相交点 a 即是空间点 A 在水平面的投影位置;在 W 面得到的相交点 a'' 即是空间点 A 在侧平面的投影位置,如图 2.36 所示。

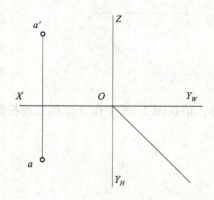

图 2.35　点投影实例 2

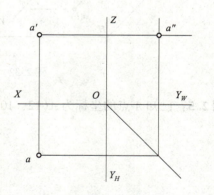

图 2.36　点投影实例 2 解答

(二)直线的投影

空间任意两点,可以确定空间的一条直线。从投影原理可知,直线的投影一般仍是直线。如图 2.37 所示,分别作出直线上两点(通常是线段的两个端点)的三面投影之后,用直线连接其同面投影,ab、$a'b'$、$a''b''$ 即为直线的三面投影。

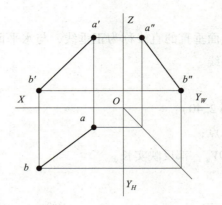

图 2.37　直线投影

1. 一般位置直线

与三个投影面都成倾斜状态的直线，称为一般位置直线，该直线与其投影之间的夹角为直线对该投影面的倾角。直线对 H、V、W 面的倾角分别用 α、β、γ 表示，如图 2.38 所示。

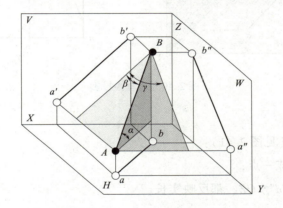

图 2.38　空间一般位置直线

一般位置直线的三个投影都是直线，不反映实长，且均与投影轴倾斜，其与投影轴的夹角不反映该线对投影面倾角的真实大小，如图 2.39 所示。

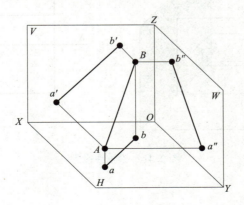

图 2.39　一般位置直线投影

2. 投影面垂直线

投影面垂直线中，与正面垂直的直线称为正垂线，与水平面垂直的直线称为铅垂线，与侧面垂直的直线称为侧垂线。

1）正垂线

正垂线投影特性（见图 2.40）：

（1）a'（b'）积聚成一点；

（2）$ab /\!/ OY_H$，$a''b'' /\!/ OY_W$，都反映实长。

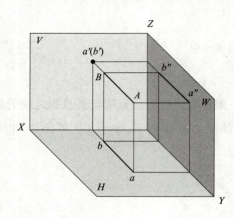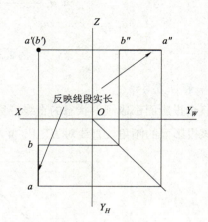

图 2.40　正垂线投影

2）铅垂线

铅垂线投影特性（见图 2.41）：

（1）c（d）积聚成一点；

（2）$c'd' /\!/ OZ$，$c''d'' /\!/ OZ$，都反映实长。

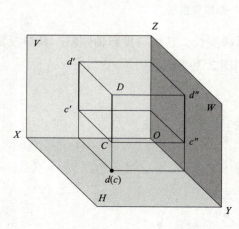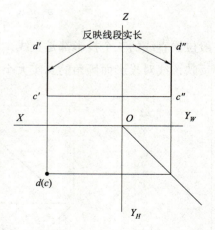

图 2.41　铅垂线投影

3）侧垂线

侧垂线投影特性（见图 2.42）：

（1）e''（f''）积聚成一点；

（2）ef∥OX，$e'f'$∥OX，都反映实长。

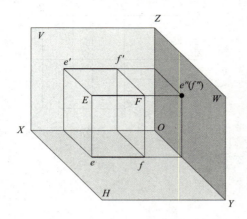
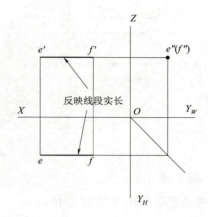

图 2.42　侧垂线投影

3. 投影面平行线

投影面平行线中，与正面平行的直线称为正平线，与水平面平行的直线称为水平线，与侧面平行的直线称为侧平线。

1）正平线

正平线投影特性（见图 2.43）：

（1）$a'b'$反映实长和实际倾角 α、γ；

（2）ab∥OX，$a''b''$∥OZ，长度缩短。

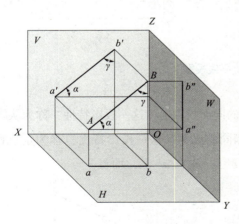
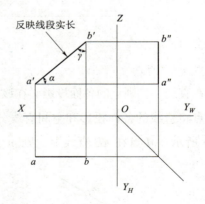

图 2.43　正平线投影

2）水平线

水平线投影特性（见图 2.44）：

（1）cd反映实长和实际倾角 β、γ；

（2）$c'd'$∥OX，$c''d''$∥OY_W，长度缩短。

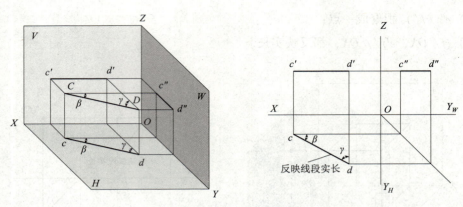

图 2.44　水平线投影

3）侧平线

侧平线投影特性（见图 2.45）：

（1）$e''f''$ 反映实长和实际倾角 α、β；

（2）$e'f' \parallel OZ$，$ef \parallel OY_H$，长度缩短。

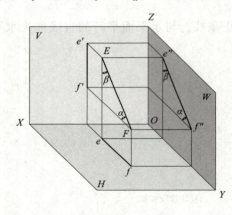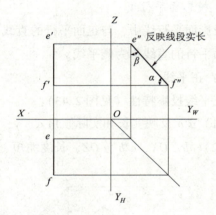

图 2.45　侧平线投影

4. 直线上的点

点在直线上，则点的各面投影必在该直线的同面投影上，这一投影特性，称为从属性。

该点将直线的各面投影和空间直线分成相同的比例，这一投影特性，称为定比性。如图 2.46 所示：M 点在 AB 直线上，则 m' 在 $a'b'$ 上，m 在 ab 上，而且

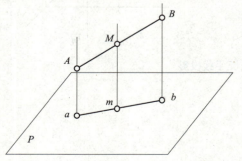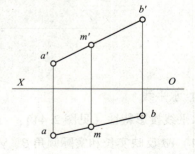

图 2.46　定比特性

$$\frac{AM}{BM} = \frac{a'm'}{b'm'} = \frac{am}{bm}$$

例 2.7：已知直线 AB 和点 K 的两面投影（见图 2.47），判断 K 点是否在 AB 直线上。

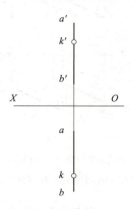

图 2.47　例 2.7 用图

解：（1）用定比性判断（见图 2.48（a））。

作任意方向 ab。量取 ak，作 bb'，过 k 点，作 bb' 的平行线。由于平行线与 k' 点不相交，因此 K 点不在 AB 线上。

（2）用第三个投影判断（见图 2.48（b））。

作 a'' 的投影、b'' 的投影，连接 $a''b''$，作 k'' 的投影，由此发现 K 点不在 AB 线上。

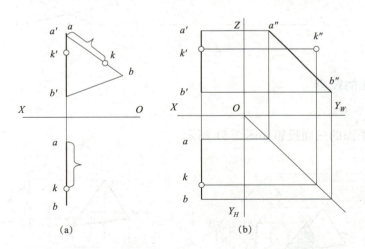

图 2.48　例 2.7 求解

5. 两直线的相对位置

两直线的相对位置有三种情况：相交、平行、交叉（即不相交，又不平行，亦称异面）。

（1）空间两直线平行，其同面投影必定平行。

一般情况下，只要检查任意两面投影便可做出正确判断。当两直线同时平行于某一投影面时，要判断它们是否平行，则需看此二直线在所平行的那个面上的投影是否平行。其示例如图 2.49 所示。

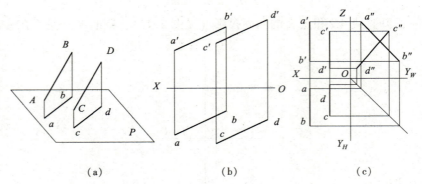

图 2.49　空间平行直线

（a）平行两直线直观图；（b）平行两直线两面投影；（c）两直线不平行

（2）两直线相交，只能交于一点，该点为两直线的共有点。其示例如图 2.50 所示。

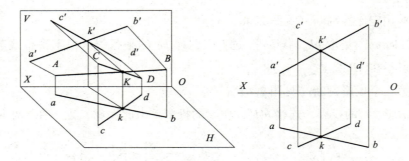

图 2.50　两直线相交

（三）平面的投影

1. 一般位置平面

一般位置平面的三面投影如图 2.51 所示。

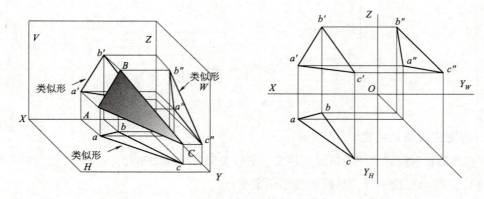

图 2.51　一般位置平面投影

2. 投影面垂直面

三投影面体系中，垂直于一个投影面，而与另外两个投影面倾斜的平面，称为投影面垂直面。

1）正垂面

垂直于 *V* 面而与 *H*、*W* 面倾斜的平面，称为正垂面。正垂面投影特性（见图 2.52）：

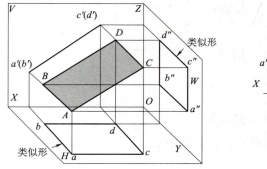
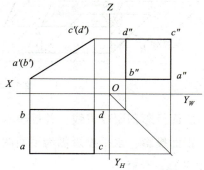

图 2.52　正垂面投影

（1）正面投影积聚成直线，并反映真实倾角。

（2）水平投影、侧面投影仍为平面图形，面积缩小。

2）铅垂面

垂直于 *H* 面而与 *V*、*W* 面倾斜的平面，称为铅垂面。铅垂面投影特性（见图 2.53）：

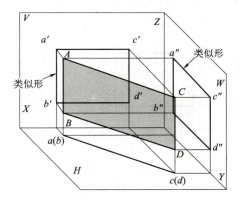
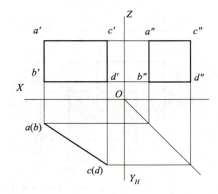

图 2.53　铅垂面投影

（1）水平投影积聚成直线，并反映真实倾角；

（2）正面投影、侧面投影仍为平面图形，面积缩小。

3）侧垂面

垂直于 *W* 面而与 *H*、*V* 面倾斜的平面，称为侧垂面。侧垂面投影特性（见图 2.54）：

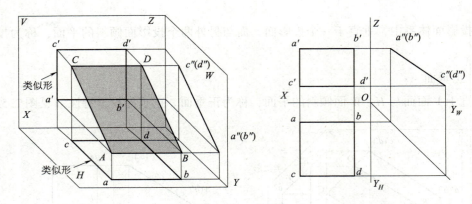

图 2.54　侧垂面投影

（1）侧面投影积聚成直线，并反映真实倾角；

（2）正面投影、水平投影仍为平面图形，面积缩小。

3. 投影面平行面

在三投影面体系中，平行于一个投影面（必垂直于另外两个投影面）的平面，称为投影面平行面。

1）正平面

平行于 V 面的平面，称为正平面。正平面投影特性（见图 2.55）：

（1）正面投影反映实形；

（2）水平投影平行 OX，侧面投影平行 OZ，并分别积聚成直线。

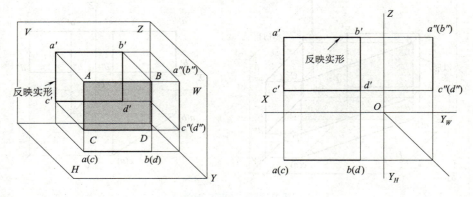

图 2.55　正平面投影

2）水平面

平行于 H 面的平面，称为水平面。水平面投影特性（见图 2.56）：

（1）水平投影反映实形；

（2）正面投影平行 OX，侧面投影平行 OY_W，并分别积聚成直线。

3）侧平面

平行于 W 面的平面，称为侧平面。侧平面投影特性（见图 2.57）：

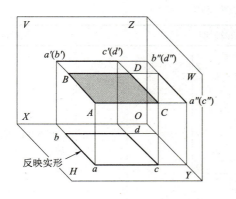
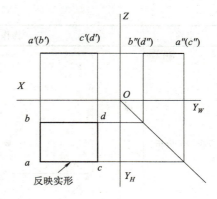

图 2.56　水平面投影

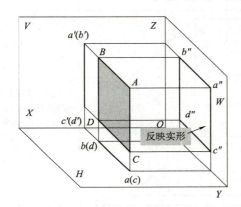
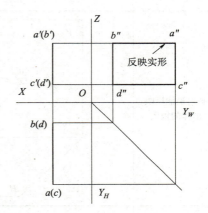

图 2.57　侧平面投影

（1）侧面投影反映实形；

（2）正面投影平行 OZ，水平投影平行 OY_H，并分别积聚成直线。

四、能力训练

（一）操作条件

常用绘图工具：图板、丁字尺、三角板、曲线板。

常用绘图仪器：圆规、铅笔。

（二）安全及注意事项

在进行绘图时，需按照正确的绘图要求、绘图仪器的使用方法进行绘图，避免对绘图工具或仪器造成损坏。

（三）操作过程

按照表 2.10 所示操作步骤，完成直线投影绘制。

表 2.10　直线投影绘制操作步骤

序号	步骤	操作方法及说明	质量标准
1	投影特征分析		准确分析出图形的特征
2	画出最能反映形体的视图		（1）最能反映形体的特征形状； （2）虚线少
3	按"三等关系"补全其他视图		能满足三视图"长对正、高平起、宽相等"的关系
4	展开投影视图		

（四）学习结果评价

对直线投影绘制操作进行评价，完成表 2.11 的填写。

表 2.11　直线投影绘制操作评分标准

基本信息	姓名		学号			班级		组别	
	角色	主修人员□　辅修人员□　工具管理□　零件摆放□　安全监督□　质量检验□　6S监督□							
	规定时间		完成时间			考核日期		总评成绩	
考核内容	序号	步　骤			完成情况		标准分	评分	
					完成	未完成			
	1	投影特征分析					15		
	2	画出最能反映形体的视图					15		
	3	按"三等关系"补全其他视图					15		
	4	展开投影视图					15		
6S管理	整理、整顿、清扫、清洁、素养、安全						10		
团队协作							10		
沟通表达							10		
工单填写							10		
教师评语									

五、课后作业

（一）填空题

1. 直线按照其与投影面的相对位置不同分为_____、_____和投影面垂直线。

2. 投影面平行线分为_____、_____、_____。

3. 投影面垂直线分为_____、_____、_____。

4. 投影面平行线有三种：平行于 H 面的直线称为_____，平行于 V 面的直线称为_____，平行于 W 面的直线称为_____。

（二）作图题

补全视图，求表面点 A、B 的投影位置。

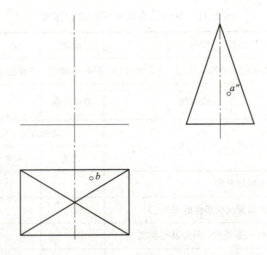

项目2 任务2
职业能力5

职业能力5 能识读基本体投影

职业能力要求： 通过识读基本体投影，初步认识基本体的投影规律，为后续的零件图及装配图绘制做准备。

一、核心概念

（1）棱柱：由两个底面和若干侧棱面组成。侧棱面与侧棱面的交线叫侧棱线，侧棱线相互平行。

（2）棱锥：由一个底面和若干侧棱面组成。侧棱线交于有限远的一点——锥顶。

（3）圆柱：圆柱体是由圆柱面与上、下两端面所围成。圆柱面可看作是由一条直母线绕与其平行的轴线回转而成，圆柱面上任意一条平行于轴线的直线，称为圆柱面的素线。

（4）圆锥：圆锥体是由圆锥面和底面所围成。圆锥面可看作是由直母线绕与其相交的轴线回转而成。

（5）圆球：圆球的表面可看作是由一条圆母线绕其直径回转而成。

二、学习目标

（1）掌握平面体的画图方法以及尺寸标注。
（2）掌握回转体的画图方法以及尺寸标注。

三、基本知识

常见的基本体分为平面体和回转体，平面体包括棱柱、棱锥。回转体包括圆柱、圆锥、球体。

（一）棱柱

1. 棱柱的组成

棱柱由两个底面和若干侧棱面组成。侧棱面与侧棱面的交线叫侧棱线，侧棱线相互平行。棱柱、棱锥应标注出确定底平面形状大小的尺寸和高度尺寸，棱台应标注出上下底平面的形状大小和高度尺寸。标注正方形底面的尺寸时，可在正方形边长尺寸数字前加注符号"□"，也可以标注成 16×16 的形式。

对于正棱柱和正棱锥的尺寸标注，考虑作图和加工方便，一般应注出其底面的外接圆直径和高度尺寸，也可以注成其他形式。

2. 棱柱的三视图

在图 2.58 中，六棱柱的两底面为水平面，在俯视图中反映实形。前后两侧棱面是正平面，其余四个侧棱面是铅垂面，它们的水平投影都积聚成直线，与六边形的边重合。

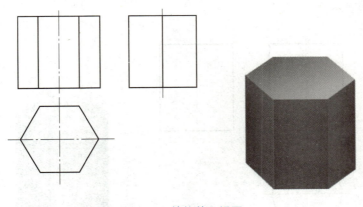

图 2.58　棱柱的三视图

（二）棱锥

1. 棱锥的组成

棱锥由一个底面和若干侧棱面组成。侧棱线交于有限远的一点——锥顶。

2. 棱锥的三视图

棱锥处于图 2.59 所示位置时，其底面 ABC 是水平面，在俯视图上反映实形。侧棱面 SAC 为侧垂面，另两个侧棱面为一般位置平面。

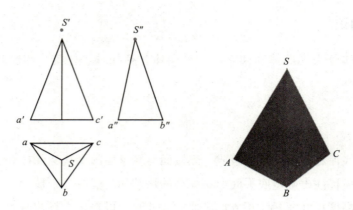

图 2.59　棱锥的三视图

（三）圆柱

1. 圆柱的组成

圆柱由圆柱面与上、下两端面所围成。圆柱面可看作是由一条直母线绕与其平行的轴线回转而成，圆柱面上任意一条平行于轴线的直线，称为圆柱面的素线。

2. 圆柱的三视图

如图 2.60 所示，圆柱面的俯视图积聚成一个圆，在另两个视图上分别以两个方向的轮廓素线的投影表示。

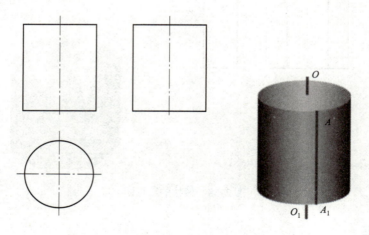

图 2.60　圆柱的三视图

（四）圆锥

1. 圆锥的组成

圆锥由圆锥面和底面所围成。圆锥面可看作是由直母线绕与其相交的轴线回转而成。

2. 圆锥的三视图

如图 2.61 所示，圆锥面是由直线 SA 绕与它相交的轴线 OO_1 旋转而成。S 称为锥顶，直线 SA 称为母线。圆锥面上过锥顶的任一直线称为圆锥面的素线。

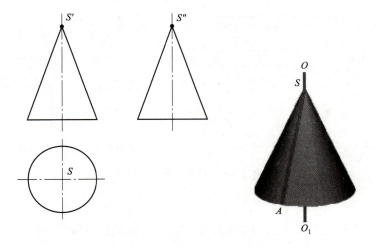

图 2.61　圆锥的三视图

（五）圆球

1. 圆球的组成

圆球的表面可看作是由一条圆母线绕其直径回转而成。

2. 圆球的三视图

如图 2.62 所示，圆球的三个视图分别为三个和圆球的直径相等的圆，它们分别是圆球三个方向轮廓线的投影。

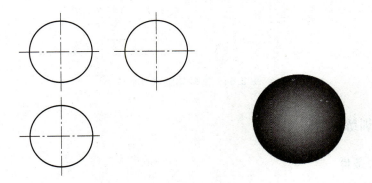

图 2.62　圆球的三视图

（六）基本体的尺寸标注

1. 平面体的尺寸标注

平面体的尺寸标注应根据形体的具体形状来标注，一般应标注出长、宽、高三个方向的尺寸，常见的平面体的尺寸标注如图 2.63 所示。

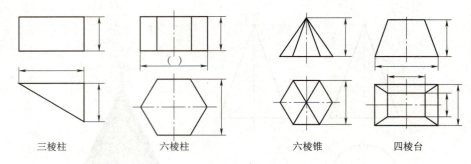

三棱柱　　　　　六棱柱　　　　　六棱锥　　　　　四棱台

图 2.63　平面体的尺寸标注

2. 回转体的尺寸标注

回转体一般应标注直径尺寸和高度尺寸，其中直径尺寸一般应标注在投影为非圆的视图上，尺寸数字前要加注直径符号"ϕ"，球面直径应加注"$S\phi$"。常见的几种回转体的尺寸标注如图 2.64 所示。

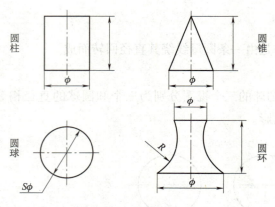

图 2.64　回转体的尺寸标注

四、能力训练

(一) 操作条件

常用绘图工具：图板、丁字尺、三角板、曲线板。

常用绘图仪器：圆规、铅笔。

(二) 安全及注意事项

在进行绘图时，需按照正确的绘图要求、绘图仪器的使用方法进行绘图，避免对绘图工具或仪器造成损坏。

(三) 操作过程

按照表 2.12 所示操作步骤，完成基本体投影绘制。

表 2.12　基本体投影绘制操作步骤

序号	步骤	操作方法及说明	质量标准
1	投影特征分析		准确分析出图形的特征
2	画出最能反映形体的视图		（1）最能反映形体的特征形状；（2）虚线少
3	按"三等关系"补全其他视图		能满足三视图"长对正、高平起、宽相等"的关系

（四）学习结果评价

对基本体投影绘制操作进行评价，完成表 2.13 的填写。

表 2.13　基本体投影绘制操作评分标准

基本信息	姓名			学号		班级		组别	
	角色	主修人员□	辅修人员□	工具管理□	零件摆放□	安全监督□	质量检验□	6S 监督□	
	规定时间		完成时间		考核日期		总评成绩		
考核内容	序号	步骤		完成情况		标准分	评分		
				完成	未完成				
	1	基本投影特征形体分析				20			
	2	基本投影特征形体绘制				20			
	3	补全投影特征其他投影视图				20			

续表

6S 管理	整理、整顿、清扫、清洁、素养、安全		10	
团队协作			10	
沟通表达			10	
工单填写			10	
教师评语				

五、课后作业

1. 绘制下面切角长方体的三视图。

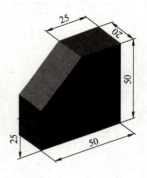

2. 补全视图所缺的图线。

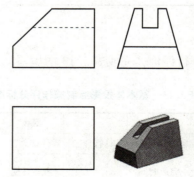

3. 根据立体图，补画三视图中所缺的图线。

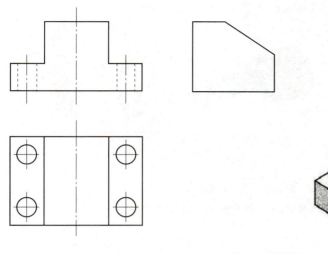

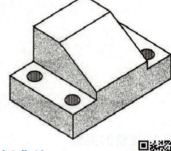

职业能力 6　能识读螺纹标准件

职业能力要求：通过识读螺纹标准件，初步认识螺纹标准件的绘制和标注规律，为后续的零件图及装配图绘制做准备。

项目 2 任务 2
职业能力 6

一、核心概念

（1）螺纹：螺纹是指在圆柱或圆锥表面上，沿着螺旋线所形成的具有相同剖面的连续凸起和凹槽。在圆柱或圆锥外表面形成的螺纹称为外螺纹；在内表面形成的螺纹称为内螺纹。

（2）螺距：螺纹上相邻两牙在中径线上对应两点之间的轴向距离 P 称为螺距。

二、学习目标

（1）了解螺纹的形成以及结构。

（2）了解螺纹的五要素。

（3）掌握螺纹的画法。

（4）掌握螺纹的标注方法。

三、基本知识

（一）螺纹的形成

一个与轴线共面的平面图形（三角形、梯形等），绕圆柱面做螺旋运动，则得到一圆柱螺旋体，称为螺纹。

（二）螺纹的加工

螺纹的加工方法很多，用车床车削内、外螺纹，是最常用的一种螺纹加工方法，如

图 2.65（a）和图 2.65（b）所示。如果要加工小直径内螺纹，则先用钻头钻孔（钻头顶角为 120°），再用丝锥攻丝加工内螺纹，如图 2.65（c）所示。

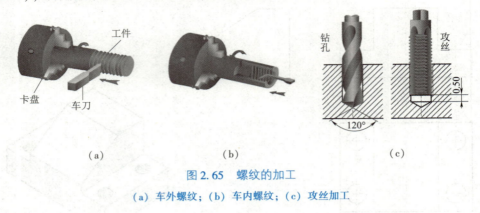

（a）　　　　　　　　　　（b）　　　　　　　　　　（c）

图 2.65　螺纹的加工

（a）车外螺纹；（b）车内螺纹；（c）攻丝加工

（三）螺纹的要素

内外螺纹总是成对配合使用的，当内外螺纹连接时，下列的 5 个要素必须完全一致。

1. 牙型

通过螺纹轴线断面上的螺纹轮廓形状称为螺纹的牙型。常用螺纹的牙型有三角形、梯形、锯齿形和矩形，前三种为标准螺纹，如图 2.66 所示。

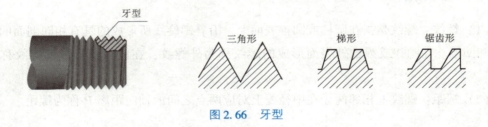

图 2.66　牙型

2. 直径

螺纹直径分为大径、小径和中径，如图 2.67 所示。大径是指与外螺纹的牙顶或内螺纹的牙底相切的假想圆柱或圆锥的直径，内外螺纹分别用 D 和 d 表示，是螺纹的公称直径。小径是指与外螺纹的牙底或内螺纹的牙顶相切的假想圆柱或圆锥的直径，内外螺纹分别用 D_1 和 d_1 表示。中径是指通过牙型上的沟槽和凸起宽度相等处的假想圆柱或圆锥的直径，内外螺纹分别用 D_2 和 d_2 表示。

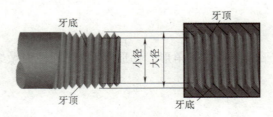

图 2.67　螺纹的加工

3. 线数

形成螺纹时的螺旋线条数称为线数（n）。螺纹有单线和多线之分。沿一条螺旋线形成的螺纹为单线螺纹，反之则为多线螺纹，如图 2.68 所示。

单线螺纹　　　　双线螺纹

图 2.68　螺纹的线数

4. 螺距、导程

螺纹上相邻两牙在中径线上对应两点之间的轴向距离 P 称为螺距。同一条螺纹上相邻两牙在中径线上对应两点之间的轴向距离 P_h 称为导程。单线螺纹：$P = P_h$；多线螺纹：$P = P_h/n$。螺距和导程示意如图 2.69 所示。

5. 旋向

螺纹有左旋和右旋之分，如图 2.70 所示。

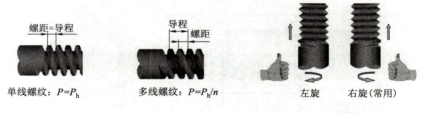

螺距=导程　　　　　导程　螺距

单线螺纹：$P=P_h$　　　多线螺纹：$P=P_h/n$　　　左旋　右旋(常用)

图 2.69　螺距和导程　　　　　图 2.70　螺纹的旋向

（四）螺纹的规定画法

1. 外螺纹的画法

螺纹的牙顶（大径）及螺纹终止线用粗实线绘制；螺纹牙底（小径）用细实线绘制，且小径 $\approx 0.85d$，并画出倒角。在投影为圆的视图中，表示牙底的细实线只画约 3/4 圈，倒角圆省略不画，如图 2.71 所示。

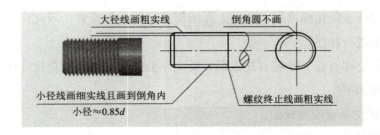

大径线画粗实线　　　　倒角圆不画

小径线画细实线且画到倒角内　　螺纹终止线画粗实线

小径 $\approx 0.85d$

图 2.71　外螺纹的画法

2. 内螺纹的画法

内螺纹一般应画成剖视图。在剖视图中，螺纹的牙底（大径）用细实线绘制；牙顶

（小径）及螺纹终止线用粗实线绘制，剖面线画到粗实线处。在投影为圆的视图中，表示牙底的细实线圆只画约3/4圈，倒角圆省略不画，在剖视图（断面图）中，剖面线画到粗实线，如图2.72所示。

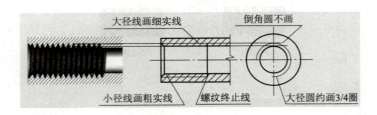

图2.72　内螺纹的画法

3. 螺纹连接的画法

用剖视图表示内外螺纹连接时，其旋合部分应按外螺纹的规定画法绘制，其余部分仍按各自规定的画法绘制，如图2.73所示。

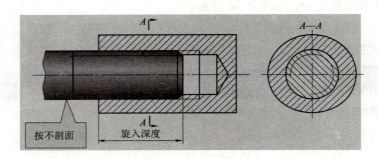

图2.73　螺纹连接的画法

（五）螺纹的分类和标注

1. 螺纹的分类

螺纹按用途分为两大类，即起连接作用的连接螺纹和传递运动或动力的传动螺纹。

2. 螺纹的标注

螺纹按规定画法简化画出后，在图上无法识别其种类和要素，因此，必须按国际规定的标记在图样中进行标注。

特征代号：公称直径×导程（P 螺距）旋向—公差带代号—旋合长度代号。

其注意事项如下：

（1）单线螺纹导程改为螺距。

（2）粗牙螺纹不标注螺距。

（3）左旋螺纹注写 LH，右旋螺纹不标注。

（4）公差带代号应按顺序标注中径、顶径公差带代号。

（5）普通螺纹的旋合长度规定为短（S）、中（N）、长（L）三组，旋合长度为中等时"N"可省略。

例如：M20×2LH−5g6g−S，M 表示普通螺纹；20 表示大径 $d=20$。

四、能力训练

（一）操作条件

常用绘图工具：图板、丁字尺、三角板、曲线板。

常用绘图仪器：圆规、铅笔。

（二）安全及注意事项

在进行绘图时，需按照正确的绘图要求、绘图仪器的使用方法进行绘图，避免对绘图工具或仪器造成损坏。

（三）操作过程

按照表2.14所示操作步骤完成螺栓绘制。

表 2.14　螺栓绘制操作步骤

序号	步骤	操作方法及说明	质量标准
1	螺栓的绘制		能正确表达螺栓的简化画法
2	对螺栓进行标注		能清晰、准确表达相关螺栓

（四）学习结果评价

对螺栓绘制操作进行评价，完成表2.15的填写。

表 2.15　螺栓绘制操作评分标准

基本信息	姓名		学号		班级		组别	
	角色	主修人员□	辅修人员□	工具管理□	零件摆放□	安全监督□	质量检验□	6S 监督□
	规定时间		完成时间		考核日期		总评成绩	
考核内容	序号	步骤		完成情况		标准分	评分	
				完成	未完成			
	1	螺栓的绘制				30		
	2	螺栓的尺寸标注				30		

续表

6S 管理	整理、整顿、清扫、清洁、素养、安全		10	
团队协作			10	
沟通表达			10	
工单填写			10	
教师评语				

五、课后作业

（一）填空题

1. 螺纹按用途分为_____和_____。

2. 常用螺纹牙型截面形状有_____、_____、_____和_____。

3. 螺纹代号 M20×1.5 表示公称直径为_____mm，螺距为_____mm_____螺纹。

4. 螺纹具有自锁性，其螺纹升角应_____摩擦角。

5. 与外螺纹牙顶或内螺纹牙底相重合的假想圆柱面的直径为_____，也叫_____。

6. 普通螺纹的牙型角为_____，其中_____螺纹，螺距小，升角小，自锁性好，适用于薄壁零件，而连接螺纹常用_____。

（二）判断题

1. 两个相互配合的螺纹，它们的旋向相同。（　　　）

2. 连接螺纹大多数采用多线三角螺纹。（　　　）

3. 普通螺纹的公称直径是指螺纹大径的基本尺寸。（　　　）

4. 矩形螺纹制造容易，对中精度高，牙根强度高，广泛用于传力或传导螺纹。（　　　）

5. 普通车床中丝杠使用了梯形螺纹。（　　　）

6. 由于连接件厚度较大，不宜作通孔，且需经常装拆时可使用螺钉连接。（　　　）

7. 双头螺柱装配时，允许螺柱的轴线和被连接件的表面不垂直。（　　　）

8. 一般的连接螺纹大多使用普通粗牙螺纹，强度高、自锁性能好，而细牙螺纹因其小径大、螺矩小，所以强度更高，自锁性能更好。（　　　）

9. 连接螺纹中的细牙螺纹因其小径大、螺距小，所以强度更高，但自锁性不好。（　　　）

10. 普通螺纹的牙型角是60°。（　　　）

11. 为增强连接紧密性，连接螺纹大多采用三角形螺纹。（　　　）

12. 螺纹的牙侧角就是牙型半角。（　　　）

（三）选择题

1. 管螺纹的牙型角是（　　　）。

A. 30°　　　　　　　B. 33°　　　　　　　C. 55°　　　　　　　D. 65°

2. 两个被连接件不厚且都是通孔时应采用（　　　）。

A. 螺栓连接　　　　　　　　　　　　　B. 双头螺柱连接

C. 螺钉连接　　　　　　　　　　　　　D. 紧定螺钉连接

3. 相邻两牙在中径线上对应两点间的轴向距离叫（　　　）。

A. 导程　　　　　　　B. 螺距　　　　　　　C. 线数

4. 用于水、煤气管路、润滑和电线管路系统的为（　　　）。

A. 管螺纹　　　　　　B. 普通螺纹　　　　　C. 矩形螺纹

5. 对于厚度不大，且能够从两面进行装配的场合可用（　　　）。

A. 螺栓连接　　　　　B. 双头螺柱连接　　　C. 螺钉连接

6. 在混凝土基础中固定机床床身时，用（　　　）。

A. 吊环螺钉　　　　　B. 地脚螺栓　　　　　C. 双头螺栓

7. 普通螺纹的公称直径是指螺纹（　　　）的基本尺寸。

A. 大径　　　　　　　B. 小径　　　　　　　C. 中径

8. 常用于高压、高温、密封要求高的管路连接的螺纹是（　　　）。

A. 普通螺纹　　　B. 梯形螺纹　　　C. 圆柱管螺纹　　　D. 圆锥管螺纹

职业能力7　能绘制发电机六角螺母零件图

职业能力要求：通过绘制发电机六角螺母零件图，初步认识零件图的绘制和标注要求，为后续的装配图绘制做准备。

项目2 任务2
职业能力7

一、核心概念

（1）零件图：表达单个零件形状、大小和特征的图样，也是在制造和检验机器零件时所用的图样，又称零件工作图。

（2）六角螺母：六角螺母与螺丝、螺栓、螺钉相互配合使用，起连接紧固机件的作用。

二、学习目标

（1）能按照要求画出发电机六角螺母零件图。

（2）能标注六角螺母尺寸和公差。

三、基本知识

（一）零件图绘制要求

零件图的基本要求应遵循 GB/T 17852—2018 的规定。该标准明确指出：绘制技术图样时，应首先考虑看图方便。根据物体的结构特点选用适当的表达方法，在完整、清晰地表达物体形状的前提下，力求制图简便。

（二）零件图基本内容

为了满足生产需要，一张完整的零件图应包括下列基本内容。

1. 一组视图

要综合运用视图、剖视、剖面及其他规定和简化画法，选择能把零件的内、外结构形状表达清楚的一组视图。

2. 完整的尺寸

完整的尺寸用以确定零件各部分的大小和位置。零件图上应注出加工完成和检验零件是否合格所需的全部尺寸。

3. 标题栏

标题栏包括说明零件的名称、材料、数量、日期、图的编号、比例以及描绘、审核人员签字等。根据国家标准，标题栏有固定形式及尺寸，制图时应按标准绘制。

4. 技术要求

用一些规定的符号、数字、字母和文字注解，简明、准确地给出零件在使用、制造和检验时应达到的一些技术要求（包括表面粗糙度、尺寸公差、形状和位置公差、表面处理和材料处理等要求）。

底座的零件图绘制如图 2.74 所示。

四、能力训练

（一）操作条件

常用绘图工具：图板、丁字尺、三角板、曲线板。
常用绘图仪器：圆规、铅笔。

（二）安全及注意事项

（1）选定合适图幅和比例，合理进行视图布局。
（2）技术要求填写齐全。
（3）合理标注尺寸公差与形位公差。

（三）操作过程

按照表 2.16 所示操作步骤，完成六角螺母绘制。

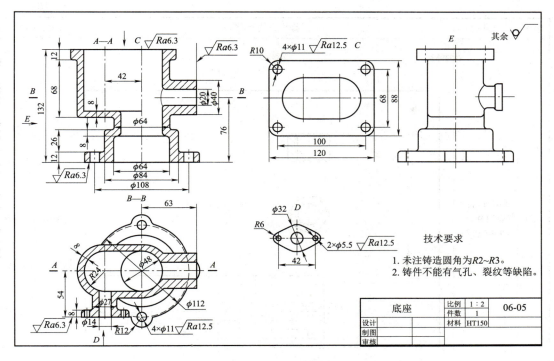

图 2.74　底座的零件图

表 2.16　六角螺母绘制操作步骤

序号	步骤	操作方法及说明	质量标准
1	画出图框和标题栏		图框和标题栏大小符合标准

序号	步骤	操作方法及说明	质量标准
2	画出底稿，加深并画剖面线	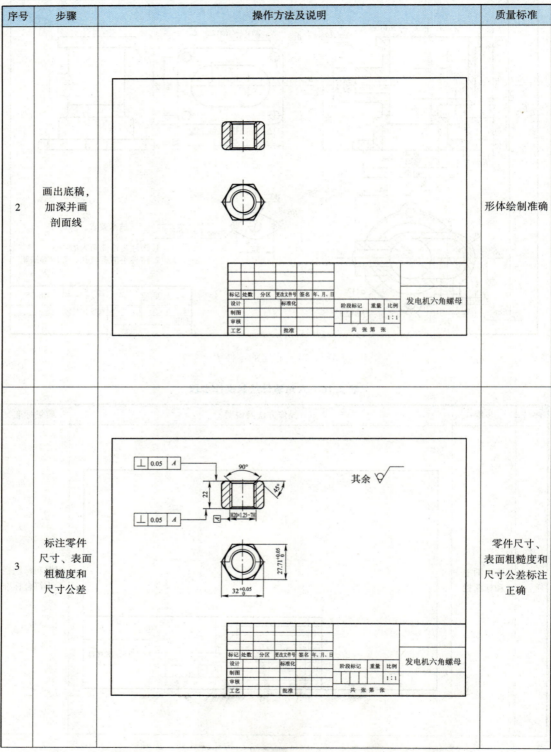	形体绘制准确
3	标注零件尺寸、表面粗糙度和尺寸公差		零件尺寸、表面粗糙度和尺寸公差标注正确

续表

序号	步骤	操作方法及说明	质量标准
4	填写技术要求	 技术要求： 1. 零件加工表面上，不应有划痕、擦伤等损害零件表面的缺陷。 2. 去除毛刺飞边。 3. 未注圆角为R3~R5，锐角倒钝。	技术要求填写正确

（四）学习结果评价

对发电机六角螺母绘制操作进行评价，完成表2.17的填写。

表 2.17　六角螺母绘制操作评分标准

基本信息	姓名		学号		班级		组别	
	角色	主修人员□	辅修人员□	工具管理□	零件摆放□	安全监督□	质量检验□	6S监督□
	规定时间		完成时间		考核日期		总评成绩	

考核内容	序号	步骤	完成情况		标准分	评分
			完成	未完成		
	1	图框及标题栏的绘制			10	
	2	零件线条的绘制			20	
	3	标注零件尺寸、表面粗糙度和尺寸公差			20	
	4	填写技术要求			10	
6S管理	整理、整顿、清扫、清洁、素养、安全				10	
团队协作					10	
沟通表达					10	
工单填写					10	
教师评语						

五、课后作业

1. 绘制六角头螺栓 M16×55 的零件图。

2. 已知外螺纹，普通粗牙螺纹大径 M20，螺纹长 30 mm、螺杆长画 40 mm 后断开，螺纹倒角为 C2，请按规定的画法绘制螺纹的主、左视图。

3. 已知内螺纹，普通粗牙螺纹 M20，螺纹长 30 mm、孔深 40 mm，螺纹倒角为 C2，请按规定的画法绘制螺纹的主、左视图。

4. 识图题。

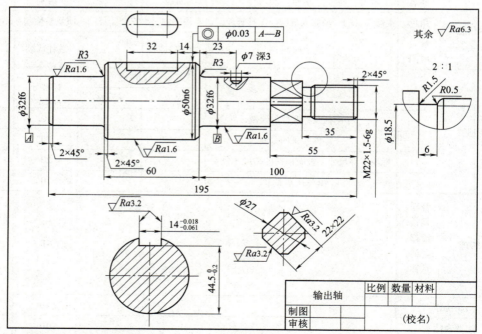

（1）该零件的主视图采用了_____表达方法。

（2）局部放大图采用的比例为_____。

（3）零件的长度尺寸主基准是＿＿＿＿＿＿＿，径向尺寸主基准是＿＿＿＿＿＿＿。

（4）该零件表面质量最差的表面，其表面粗糙度参数值是＿＿＿＿＿＿＿。

（5）图中 $14^{-0.018}_{-0.061}$ 的基本尺寸是＿＿＿＿＿＿＿，上偏差是＿＿＿＿＿＿＿，下偏差是＿＿＿＿＿＿＿，公差是＿＿＿＿＿＿＿。

（6）图中 $\phi 7$ 孔的深度是＿＿＿＿＿＿＿。

（7）该零件有一个退刀槽，为了清晰表达，采用了＿＿＿＿＿＿＿的表达方法。退刀槽的槽宽为＿＿＿＿＿＿＿。

车辆发电机转轴零件如图 2.75 所示。

图 2.75　发电机转轴零件

职业能力 8　识读组合体投影

项目 2 任务 3
职业能力 8

职业能力要求：通过识读组合体投影，初步认识组合体的绘制和投影规律，为后续的装配图绘制做准备。

一、核心概念

（1）组合体：对于复杂的零件，如果只考虑它们的形状、大小和表面相对位置，都可以抽象看成是由基本形体如圆柱、长方体等组合而成，故称之为组合体。组合体的分类：组合体根据构成方式的不同，可以分为叠加型、切割型与综合型。

（2）叠加型：组合体由若干个基本几何体叠加而成。

（3）切割型：组合体由基本几何体切割去某些形体而成。

（4）综合型：组合体是既有叠加又有切割或相交的组合体。

二、学习目标

（1）读懂组合体的投影图。

（2）会区分平齐、相交和相切的画线。

（3）能按照要求画出组合体的投影图。

三、基本知识

（一）组合体的组合形式

组合体的组合形式常见的有切割、叠加和综合等形式。切割组合体主要通过去除材料形式获得的图形，如图 2.76（a）所示，叠加组合体是通过加材料形式获得，如图 2.76（b）所示，有些零件组合形式既有去除材料，也包括了加材料形式所获得，如图 2.76（c）所示。

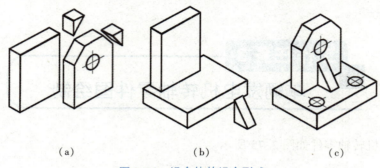

（a）   （b）   （c）

图 2.76　组合体的组合形式

（a）切割；（b）叠加；（c）综合

（二）组合体的相邻面之间的关系

组合体中相邻两基本体的某两个相邻表面的连接关系可分为平齐、不平齐、相交和相切等四种关系，如图 2.77 所示。

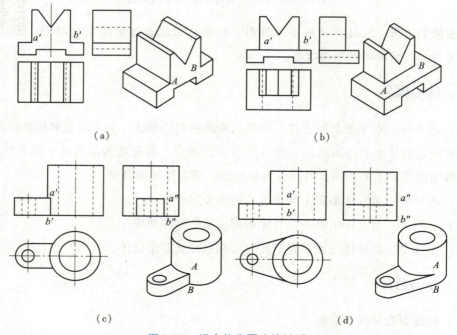

（a）   （b）

（c）   （d）

图 2.77　组合体表面连接关系

（a）平齐；（b）不平齐；（c）相交；（d）相切

1. 平齐与不平齐的画线

对组合体而言，当两基本体叠加时，若相邻表面共面（平齐），则衔接处无线，若相邻表面共面（不平齐），则衔接处有交线，如图 2.78 所示。

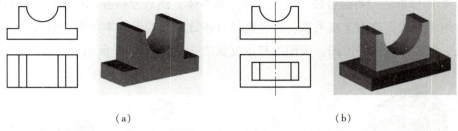

（a）   （b）

图 2.78　立体表面平齐或不平齐时的画线

（a）共面不画线；（b）不共面要画线

2. 相切的画线

当两个基本体相邻表面相切时，则相切处光滑过渡，如图 2.79 所示。

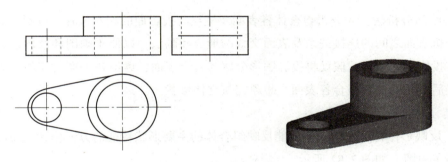

图 2.79　立体表面相切时不画分界线

3. 相交的画线

当两个基本体相邻表面相交时，则相交处存在交线（截交线或相贯线），如图 2.80 所示。

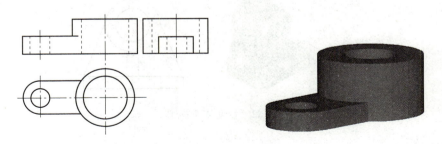

图 2.80　立体表面相交时画出截交线

（三）画组合体视图的方法

1. 组合体分析法

画组合体的视图时，经常采用形体分析法和线面分析法。

（1）形体分析法：将组合体分解为若干个基本体，然后分析各基本体的几何形状、相对位置、组合形式、表面连接关系，这种将组合体分解为若干基本体的分析方法，称为形体分析法。形体分析法是绘图、读图的基本方法之一，如图 2.81 所示。

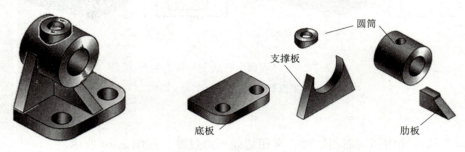

图 2.81　形体分析法

（2）线面分析法：先分析组合体各表面及棱线与投影面的相对位置，以明确其投影特征；再分析表面之间的连接关系及表面交线的形成和画法，以便于画图和读图。在大致了解组合体投影的基础上，假设将投影图形分解为若干表面，读出各平面对应的形状及空间位置，最后由相对位置组合各表面，想象完整立体形状。

2. 选择主视图原则

（1）反映形体特征原则：把最能反映组合体的主要形状特征的方向作为主视图的投影方向来画主视图，如图 2.82 所示。

（2）符合自然安放位置：把最能反映组合体的位置特征的方向作为主视图的投影方向来画主视图。

（3）尽量减少其他视图中的虚线，力求使主要平面平行于投影面。

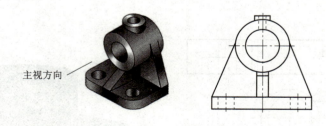

图 2.82　组合体主视图

3. 画图方法和步骤

如图 2.83 所示，组合体的画图步骤如下：

（1）画轴承轴线及其定位线；

（2）画轴承的三视图；

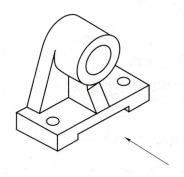

图 2.83　组合体视图

（3）画底板的三视图；

（4）画支撑板的三视图；

（5）画肋板的三视图；

（6）画底板圆柱孔及通槽，检查、加深。

该组合体画法的步骤示意图如图 2.84 所示。

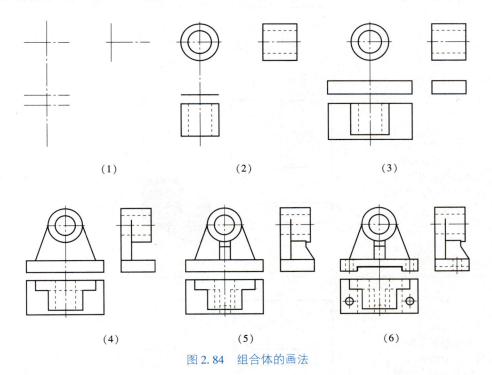

（1）　　　　　　　　（2）　　　　　　　　（3）

（4）　　　　　　　　（5）　　　　　　　　（6）

图 2.84　组合体的画法

四、能力训练

（一）操作条件

常用绘图工具：图板、丁字尺、三角板、曲线板。

常用绘图仪器：圆规、铅笔。

（二）安全及注意事项

（1）读图时将几个视图联系起来看。

（2）注意组合体中每个基本体的大小和位置。

（三）操作过程

按照表 2.18 所示操作步骤完成组合体投影绘制。

表 2.18　组合体投影绘制操作步骤

序号	步骤	操作方法及说明	质量标准
1	首先画出物体的基准线、对称线、圆的中心线、轴线		线条绘制准确
2	然后根据形体分析，先画主要形体，后画次要形体，先画可见部分，再画不可见部分		形体绘制正确
3	形体分析是假想的，各个部分组合后融为一体，绘图时不应将不存在的轮廓线画出		形体绘制正确

续表

序号	步骤	操作方法及说明	质量标准
4	底稿完成后，按形体逐个仔细检查，改正错误，补画遗漏；确认无误后，按制图线型标准加深图线		准确画出所有的线条

（四）学习结果评价

对组合体投影绘制操作进行评价，完成表 2.19 的填写。

表 2.19　识读组合体投影操作评分标准

基本信息	姓名		学号		班级		组别	
	角色	主修人员□	辅修人员□	工具管理□	零件摆放□	安全监督□	质量检验□	6S 监督□
	规定时间		完成时间		考核日期		总评成绩	
考核内容	序号	步　骤		完成情况		标准分	评分	
				完成	未完成			
	1	组合体投影主视图的绘制				20		
	2	组合体投影左视图的绘制				20		
	3	组合体投影俯视图的绘制				20		
6S 管理	整理、整顿、清扫、清洁、素养、安全					10		
团队协作						10		
沟通表达						10		
工单填写						10		
教师评语								

五、课后作业

(一) 选择题

1. 看组合体视图的基本方法是（　　）和线面分析法。

A. 形体分析法　　　　　　B. 基本分析法　　　　　C. 切割分析法　　　　　D. 组合分析法

2. 下列（　　）组合体各部分表面之间不需要绘制直线的连接关系。

A. 两形体表面相交　　　　　　　　　　　　B. 两形体表面不平齐

C. 两形体表面相切　　　　　　　　　　　　D. 两形体表面相隔

3. 切割体是由某一或某些基本体被若干个（　　）切割而形成。

A. 立体　　　　　　　　B. 平面　　　　　　　　C. 柱面　　　　　　　　D. 形体

(二) 作图题

1. 补全组合体三视图中所缺的图线。

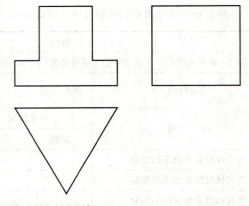

2. 补全组合体三视图中所缺的图线。

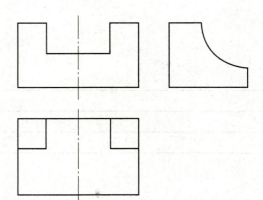

职业能力 9　识读组合体尺寸标注

职业能力要求：通过进行组合体尺寸标注，熟悉组合体的标注规律，为后续的零件图和装配图绘制做准备。

一、核心概念

（1）定形尺寸：确定物体各组成部分的形状、大小的尺寸。

（2）定位尺寸：确定物体各组成部分之间的相对位置的尺寸。

（3）总尺寸：确定物体的总长、总宽和总高的尺寸。

二、学习目标

（1）能完整、清晰、合理地标注出组合体尺寸。

（2）能绘制组合体的三视图。

三、基本知识

（一）组合体尺寸标注的原则

（1）同一形体的尺寸尽量集中在一个视图上。

（2）尺寸标注在图形外部，同方向连续尺寸应共线。

（3）同轴回转体的尺寸尽量标注在反映轴线的视图上。尺寸尽量避免标注在虚线上。

（4）尺寸线、尺寸界线、轮廓线之间尽量避免交叉。

（二）组合体尺寸标注的种类

（1）定形尺寸：确定组合体各组成部分形状大小的尺寸。图 2.85 中 $R12$、$\phi12$、70、40 等决定组合体的大小的尺寸称为定形尺寸。

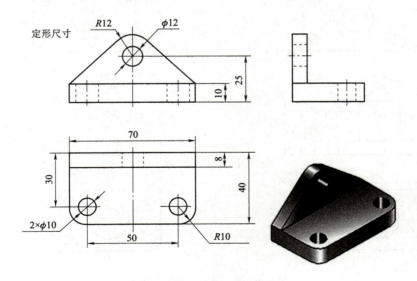

图 2.85　定形尺寸

（2）定位尺寸：确定组合体各组成部分相对位置的尺寸。图 2.85 中 25、30、50 等决定组合体位置的尺寸称为定位尺寸。

（3）总体尺寸：确定组合体外形的总长、总宽和总高的尺寸。组合体一般应注出长、宽、高三个方向的总体尺寸。有的组合体总体尺寸不直接注出，而是间接得出，如轴承座的总高。

（三）组合体尺寸标注的步骤

标注组合体尺寸前，需先进行形体分析，确定要反映到投影图上的基本体及其尺寸标注要求。除此之外，还必须掌握合理的标注方法。下面以台阶为例说明组合体尺寸标注的方法和步骤。

（1）形体分析。

（2）标注各基本形体的定形尺寸。

（3）选择长、宽、高三个方向的尺寸基准，标注各形体的定位尺寸。

（4）标注总体尺寸。

（5）对尺寸做适当的调整，检查是否正确、完整等。

组合体尺寸标注示例，如图 2.86 所示。

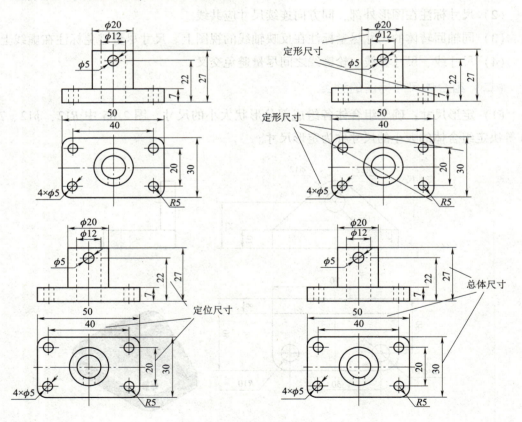

图 2.86　组合体尺寸标注示例

四、能力训练

（一）操作条件

常用绘图工具：图板、丁字尺、三角板、曲线板。

常用绘图仪器：圆规、铅笔。

（二）安全及注意事项

（1）标注组合体的尺寸时，应先对物体进行形体分析，然后顺序标注出其定形尺寸、定位尺寸和总尺寸。

（2）尺寸应该尽可能标注在图形轮廓线外面；不标注在虚线上。与投影图相距 10 ~ 20 mm 以保持视图的清晰。

（3）尺寸应该标注在反映形体特征的视图上。

（4）反映某一基本体的尺寸，尽量集中标注。正投影图中，立体与立体相交，应标注两立体的定形尺寸和定位尺寸，相贯线处不标注尺寸。

（5）正投影图中，对于被切割的基本体的尺寸标注，除了注出基本体的尺寸外，还要注出截割面的定位尺寸，不标注截交线的定形尺寸。

（6）组合体投影图中除标注尺寸外，还要在图的正下方写上图名及比例。

（三）操作过程

按照表 2.20 所示操作步骤，完成组合体尺寸标注。

表 2.20　组合体尺寸标注操作步骤

序号	步骤	操作方法及说明	质量标准
1	绘制组合体投影视图		组合体投影视图绘制正确

序号	步骤	操作方法及说明	质量标准
2	标注定形尺寸		定形尺寸标注齐全、准确
3	标注定位尺寸		定位尺寸标注齐全、准确

续表

序号	步骤	操作方法及说明	质量标准
4	标注总体尺寸	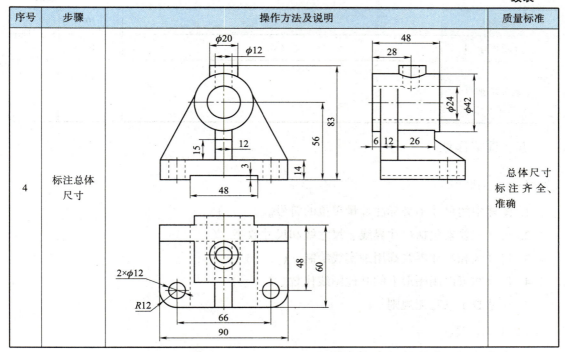	总体尺寸标注齐全、准确

（四）学习结果评价

对组合体尺寸标注操作进行评价，完成表 2.21 的填写。

表 2.21　组合体尺寸标注操作评分标准

基本信息	姓名		学号		班级		组别	
	角色	主修人员□	辅修人员□	工具管理□	零件摆放□	安全监督□	质量检验□	6S 监督□
	规定时间		完成时间		考核日期		总评成绩	

考核内容	序号	步骤	完成情况		标准分	评分
			完成	未完成		
	1	各基本形体的定形尺寸			20	
	2	基本形体之间相对位置的定位尺寸			20	
	3	总体的尺寸			20	
6S 管理	整理、整顿、清扫、清洁、素养、安全				10	
团队协作					10	

续表

沟通表达		10	
工单填写		10	
教师评语			

五、课后作业

（一）判断题

1. 图样中的尺寸不必标注计量单位的符号。（　　）

2. 尺寸三要素包括尺寸界线、尺寸线和尺寸数字。（　　）

3. 尺寸线和尺寸界线都用细实线绘制。（　　）

4. 尺寸线可以用图形上的其他图线代替。（　　）

5. 尺寸数字书写无规则。（　　）

（二）填空题

1. 组合体尺寸标注的基本要求是_____、_____和_____。

2. 组合体的尺寸包括_____、_____和_____三种。

3. 标注定位尺寸时，首先选择基准，通常选择组合体的_____、_____或_____以及_____等作为尺寸基准。

（三）作图题

1. 标出组合体的尺寸。

2. 画出下面组合体的投影图，并进行尺寸标注。

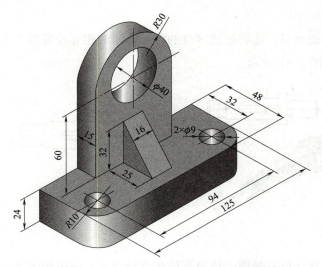

职业能力 10　能绘制发电机转轴零件图

项目2 任务3
职业能力 10

职业能力要求：通过绘制发电机转轴零件图，熟悉零件图的绘制和标注规律，为后续的装配图绘制做准备。

一、核心概念

（1）轴类零件：主要用来支承传动零部件，传递扭矩和承受载荷，按轴类零件结构形式的不同，一般可分为光轴、阶梯轴和异形轴三类，或分为实心轴、空心轴等。

（2）盘类零件：盘类零件是机械加工中常见的典型零件之一，它的应用范围很广。如支承传动轴的各种形式的轴承，夹具上的导向套、气缸套等，盘类零件通常起支承和导向作用。

二、学习目标

（1）能识读发电机转轴零件图。
（2）能按照要求画出发电机转轴零件图、标注零件尺寸。

三、基本知识

（一）零件图的内容

（1）一组视图。
（2）完整的尺寸。
（3）技术要求，如表达零件的结构、大小及形状。
（4）标题栏。

（二）选择零件图的视图表达方法

1. 主视图选择原则

（1）形状特征最明显：能将组成零件的各形体间的相互位置和主要形体的形状、结构表达得最清楚，如图2.87所示。

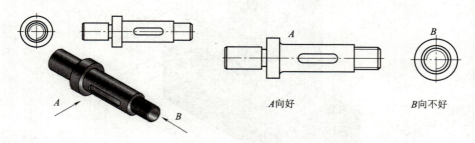

图2.87　主视图选择

（2）以加工位置选取主视图：按照零件在主要加工工序中的装夹位置选取主视图，如图2.88所示。

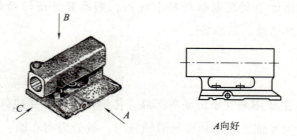

图2.88　以加工位置选取主视图

（3）以工作位置选取主视图：按照工作位置选取主视图，容易想象零件在机器或部件中的作用，如图2.89所示。

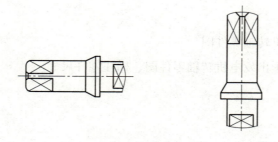

图2.89　以工作位置选取主视图

2. 其他视图的选择原则

除主视图外，还须选择一定数量的其他视图，才能将零件各部分的形状和相对位置表达清楚。其他视图的选择，应优先考虑基本视图，并在基本视图上作剖视、断面等。

（三）典型零件的表达方法

1. 轴套类零件

轴套类零件的基本形状是同轴回转体，主要加工工序是车削和磨削，在车床或磨床上装夹时以轴线定位，所以该类零件的主视图常将轴线水平放置。因为轴类零件一般是实心的，所以主视图多采用不剖或局部剖视图，对轴上的沟槽、孔洞可采用移出断面或局部放大图，如图 2.90 所示。

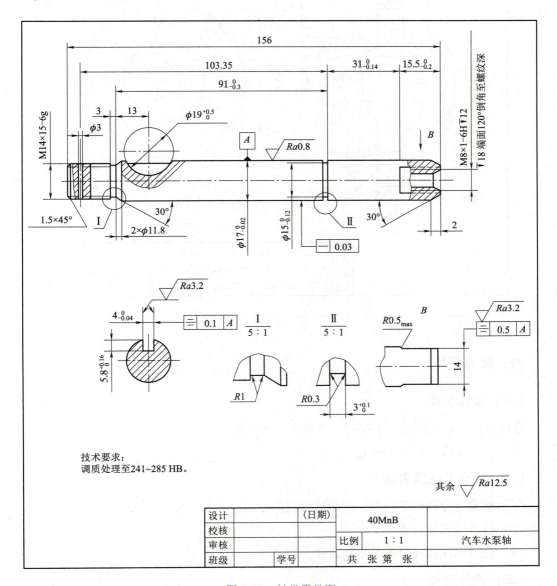

图 2.90　轴类零件图

2. 盘盖类零件

盘盖类零件一般为回转体或其他几何形状的扁平的盘状体，通常还带有凸缘、均布的圆孔和肋等局部结构，为了表达零件内部结构，主视图常取全剖视图或半剖视图。除主视图外，还需选用一个端面视图，为了表达细小结构，还常采用局部放大图，如图 2.91 所示。

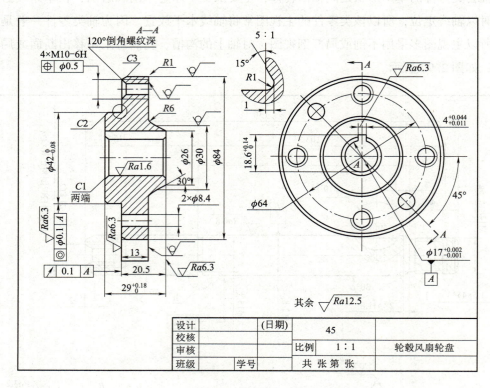

图 2.91　盘类零件图

四、能力训练

（一）操作条件

常用绘图工具：图板、丁字尺、三角板、曲线板。

常用绘图仪器：圆规、铅笔。

（二）安全及注意事项

（1）选定合适图幅和比例，合理进行视图布局。

（2）技术要求填写齐全。

（3）合理标注尺寸公差与形位公差。

（三）操作过程

按照表 2.22 所示操作步骤，完成发电机转轴零件图绘制。

表 2.22　发电机转轴零件图绘制操作步骤

序号	步骤	操作方法及说明	质量标准
1	画出图框和标题栏	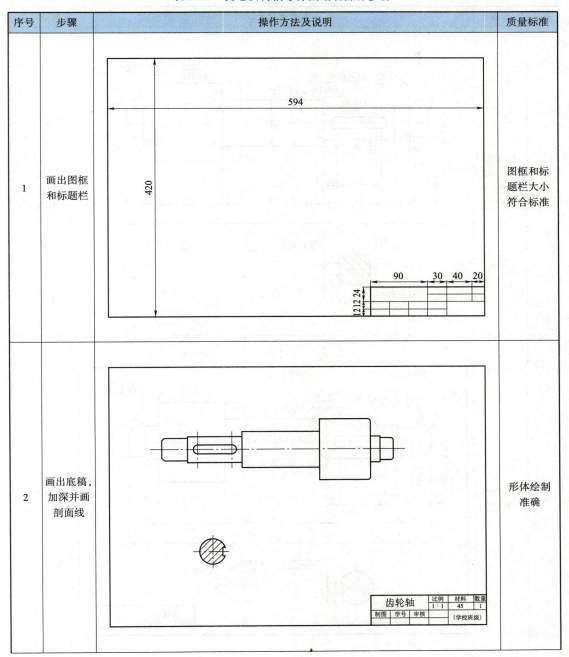	图框和标题栏大小符合标准
2	画出底稿，加深并画剖面线		形体绘制准确

序号	步骤	操作方法及说明	质量标准
3	标注零件尺寸、表面粗糙度和尺寸公差	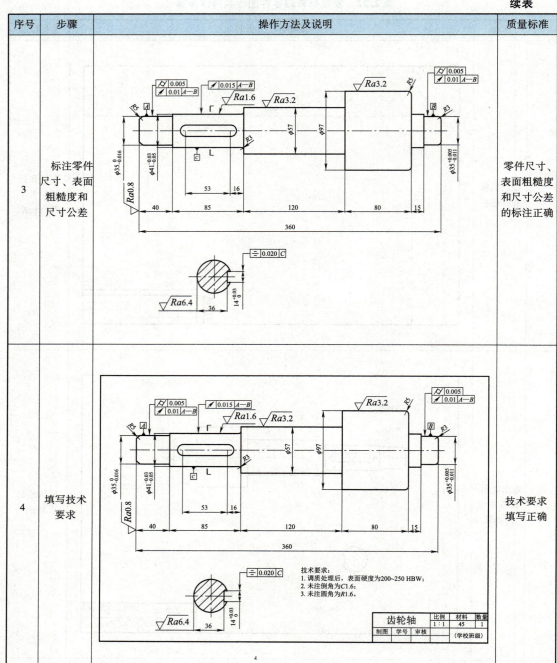	零件尺寸、表面粗糙度和尺寸公差的标注正确
4	填写技术要求	技术要求： 1. 调质处理后，表面硬度为200~250 HBW； 2. 未注倒角为C1.6； 3. 未注圆角为R1.6。	技术要求填写正确

（四）学习结果评价

对发电机转轴零件图绘制操作进行评价，完成表2.23的填写。

表 2.23　发电机转轴零件图绘制操作评分标准

基本信息	姓名		学号		班级		组别	
	角色	主修人员□	辅修人员□	工具管理□	零件摆放□	安全监督□	质量检验□	6S 监督□
	规定时间		完成时间		考核日期		总评成绩	
考核内容	序号	步骤		完成情况		标准分	评分	
				完成	未完成			
	1	图框和标题栏的绘制				20		
	2	零件线条的绘制				20		
	3	零件的尺寸标注				20		
6S 管理	整理、整顿、清扫、清洁、素养、安全					10		
团队协作						10		
沟通表达						10		
工单填写						10		
教师评语								

五、课后作业

1. 完成下图所示的轴的零件图绘制。

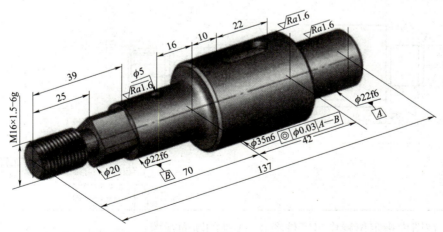

2. 按要求完成下图所示的轴的零件图绘制。

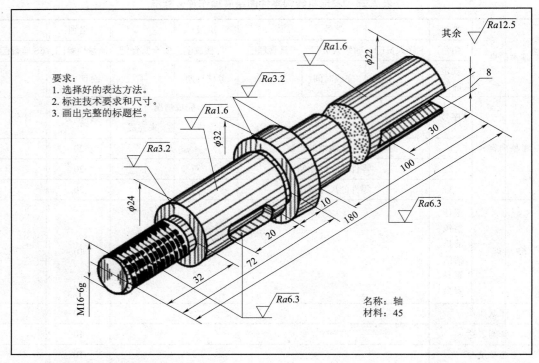

要求：
1. 选择好的表达方法。
2. 标注技术要求和尺寸。
3. 画出完整的标题栏。

名称：轴
材料：45

3. 识读零件图，回答问题。

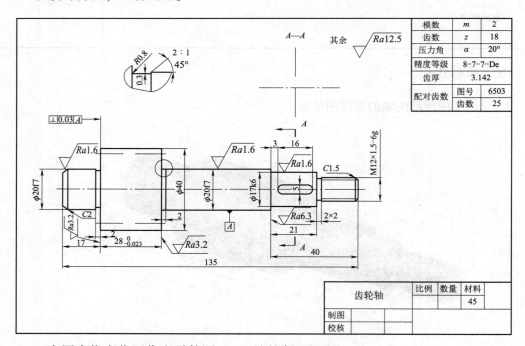

模数	m	2
齿数	z	18
压力角	α	20°
精度等级		8-7-7-De
齿厚		3.142
配对齿数	图号	6503
	齿数	25

齿轮轴		比例	数量	材料
				45
制图				
校核				

（1）在图中指定位置作出零件图 A—A 处的断面视图；

（2）零件图的名称：_____；

（3）说明 $\phi 20f7$ 的含义：$\phi 20$ 为 _____，f7 是 _____；

（4）说明 ⊥ 0.03 A 的含义：符号 ⊥ 表示 _____，A 是 _____。

工作任务 **4**

发电机机座零件图绘制

发电机机座零件如图 2.92 所示。

图 2.92　发电机机座零件

职业能力 11　识读机件表达方法

项目 2 任务 4
职业能力 11

职业能力要求：通过学习机件的识读，初步认识机件的表达方法，为后续的发电机机座绘制做准备。

一、核心概念

（1）向视图：在主视图或其他视图上注明投射方向所得的视图，也是未按投影关系配置的视图。

（2）局部视图：将机件的某一部分向基本投影面投射所得到的视图。

（3）斜视图：将物体向不平行于基本投影面投射所得的视图。

二、学习目标

（1）能读懂机件的向视图、局部视图和斜视图。

（2）能按照要求画出机件的向视图、局部视图和斜视图。

三、基本知识

（一）基本视图

用一个正六面体的 6 个表面作为基本投影面，如图 2.93（a）所示，从前、后、左、右、上、下共 6 个方向来观察零件，并采用正投影法绘制零件的图形，可以得到 6 个视图，如图 2.93（b）所示，称为 6 个基本视图。

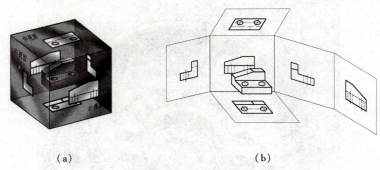

（a）   （b）

图 2.93　6 个基本视图的配置

与三视图相同，6 个基本视图之间同样存在"长对正、高平齐、宽相等"的投影规律，在学习的过程中，同样必须弄清楚每个基本视图的前、后、左、右、上、下 6 个方位关系，如图 2.94 所示。

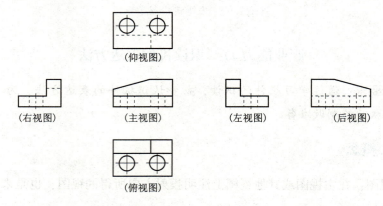

图 2.94　6 个基本投影视图

（二）向视图

画向视图时，应在视图上方标出视图的名称，同时在相应的视图附近用箭头指明投射方向，并注上相同的字母。表示投射方向的箭头尽可能配置在主视图上，只是表示后视投射方向的箭头才配置在其他视图上，如图 2.95 所示。

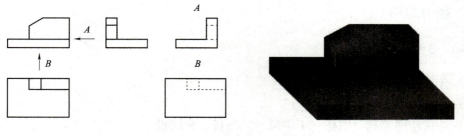

图 2.95　向视图

（三）局部视图

画局部视图时，用带字母的箭头指明要表达的部位和投影方向，并标注视图名称。局部视图的范围用波浪线来表示。当表达的局部结构是完整的且外轮廓封闭时，波浪线可省略。局部视图可按基本视图的配置形式配置，也可按向视图的配置形式配置。当局部视图按基本视图的配置形式配置，且中间没有其他图形隔开时，可省略标注，如图 2.96 所示。

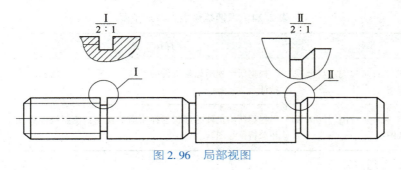

图 2.96　局部视图

（四）斜视图

斜视图只使用于表达机件倾斜部分的局部形状。其余部分不必画出，其断裂边界处用波浪线或双折线表示。斜视图可按向视图形式标注。必须在视图上方标出名称，用箭头指明投影方向，并在箭头旁水平注写相同字母。斜视图一般按投影关系配置，便于看图。必要时也可配置在其他适当位置。在不致引起误解时，允许将倾斜图形旋转便于画图，旋转后的斜视图上应加注旋转符号，如图 2.97 所示。

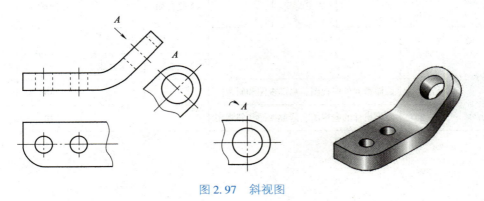

图 2.97　斜视图

四、能力训练

(一) 操作条件

(1) 车辆拆卸钳工实训室 300 m^2。

(2) 车辆拆卸工作台 30 张。

(3) 常用绘图工具：图板、丁字尺、三角板、曲线板。

(4) 常用绘图仪器：圆规、铅笔。

(二) 安全及注意事项

(1) 根据机件的特点来选择绘制相应视图，作为三视图的补充。

(2) 向视图、局部视图和斜视图在绘制时有不同的要求和特点。

(三) 操作过程

按照表 2.24 所示步骤，完成识读机件表达方法步骤。

表 2.24　识读机件表达方法步骤

序号	步骤	操作方法	质量标准
1	读懂机件的向视图、局部视图和斜视图	根据所给视图想象机件的形状，分析出机件的相关特征	特征描述准确
2	画出机件的向视图、局部视图和斜视图	根据所给机件的形状选择所需的视图，按照机件的相关特征绘图	绘图线条完整，符合要求

(四) 学习结果评价

对识读机件表达方法的操作进行评价，完成表 2.25 的填写。

表 2.25　识读机件表达方法评分标准

基本信息	姓名		学号		班级		组别	
	角色	主修人员□	辅修人员□	工具管理□	零件摆放□	安全监督□	质量检验□	6S 监督□
	规定时间		完成时间		考核日期		总评成绩	
考核内容	序号	步骤		完成情况		标准分	评分	
				完成	未完成			
	1	读懂机件的向视图、局部视图和斜视图				40		
	2	画出机件的向视图、局部视图和斜视图				20		

续表

6S 管理	整理、整顿、清扫、清洁、素养、安全		10	
团队协作			10	
沟通表达			10	
工单填写			10	
教师评语				

五、课后作业

（一）填空题

1. 基本视图一共有_____个，它们的名称分别是_____、_____、_____、_____、_____、_____。

2. 表达形体外部形状的方法，除基本视图外，还有_____、_____、_____、_____四种视图。

（二）选择题

1. 国标中规定用（　　）作为基本投影面。

A. 正四面体的四个面　　　　　　　　B. 正五面体的五个面

C. 正六面体的六个面　　　　　　　　D. 正三面体的三个面

2. 基本视图主要用于表达零件在基本投影方向上的（　　）形状。

A. 内部　　　　　B. 外部　　　　　C. 前后　　　　　D. 左右

（三）作图题

画出下面模型的向视图和局部视图。

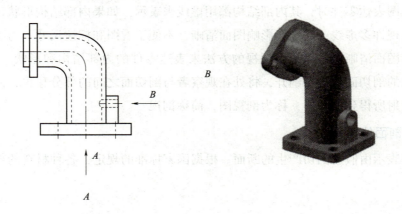

项目 2 任务 4
职业能力 12

职业能力 12　能绘制发电机座体零件图

职业能力要求：通过学习零件剖视图的识读，初步认识零件的剖视图，为后续的发电机机座的零件图绘制做准备。

一、核心概念

（1）剖视图：假想用一剖切面（平面或曲面）剖开机件，将处在观察者和剖切面之间的部分移去，而将其余部分向投影面上投射所得到的图形。

（2）全剖视图：用剖切面完全地剖开物体所得的剖视图。

（3）半剖视图：当物体具有对称平面时，向垂直于对称平面的投影面上投射所得的图形，可以对称中心线为界，一半画成视图，另一半画成剖视图的组合图形。

（4）局部剖视图：用剖切平面局部地剖开机件所得的视图。局部剖视图主要用于表达不宜采用全剖视图和半剖视图的机件。

（5）旋转剖视图：当用一个剖切平面不能通过机件的各内部结构，而机件在整体上又具有回转轴时，可用两个相交的剖切平面剖开机件，再将剖面的倾斜部分旋转到与基本投影面平行，然后进行投影。

二、学习目标

（1）能识读零件的全剖视图。
（2）能识读零件的半剖视图。
（3）能识读零件的局部剖视图。
（4）能识读零件的旋转剖视图。

三、基本知识

（一）剖视图的概念

在用视图表达零件时，其内部结构都用虚线来表示，如果内部结构形状比较复杂，视图中就会出现许多虚线，这样会影响图面清晰，不便于看图和标注尺寸。为了减少视图中的虚线，使图面清晰，可以采用剖视的方法来表达零件的内部结构和形状。如图 2.98 所示，用假想的剖切面将机件剖开，将处在观察者与剖切面之间的部分移去，而将其余部分向投影面投射所得到的图形，称为剖视图，简称剖视。

（二）剖面线符号

剖面即表示由假象剖切产生的断面。根据国家标准的规定，各种材料的剖面线符号见表 2.26。

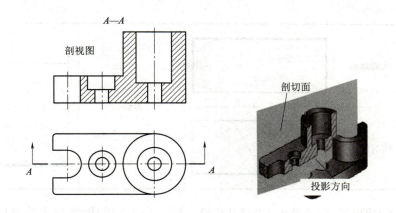

图 2.98   剖视图

表 2.26   各种材料的剖面线符号

金属材料 （已有规定剖面符号者除外）		胶合板 （不分层数）	
线圈绕组元件		基础周围的混凝土	
转子、电枢、变压器和 电抗器等的叠钢片		混凝土	
非金属材料 （已有规定剖面符号者除外）		钢筋混凝土	
型砂、填砂、粉末冶金、 砂轮、陶瓷刀片、硬质合金 刀片等		砖	
玻璃及供观察用的其他 透明材料		格网 （筛网、过滤网等）	

续表

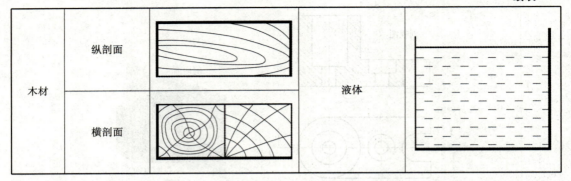

木材	纵剖面		液体	
	横剖面			

金属材料的剖面线符号是由 GB/T 14852—2018 所指定的细实线来绘制的，而且与剖面或断面外面轮廓成对称或相适宜的角度（参考角45°），如图 2.99 所示。

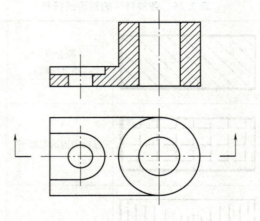

图 2.99　剖面线方向

在剖视图中，同一个零件如果有两个以上的断面，所有这些断面上的剖面线方向一致并且间距相等。

（三）剖切面的种类

1. 按照剖切面类型分类

1）单一剖切面

仅用一个剖切面剖开机件，这种剖切方式应用较多。如图 2.100 所示"A—A"剖视图就是用单一斜剖切平面剖切得到的。剖视图可按投影关系配置在与剖切符号相对应的位置上，也可将剖视图平移至图纸的适当位置，在不致引起误解时，还允许将图形旋转画出。

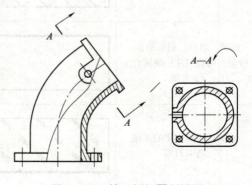

图 2.100　单一剖切面剖视图

2）几个平行的剖切平面

当机件上具有几种不同的结构要素（如孔、槽等），而且它们的中心线排列在相互平行的平面上时，宜采用几个平行的剖切平面剖切，如图 2.101 所示。

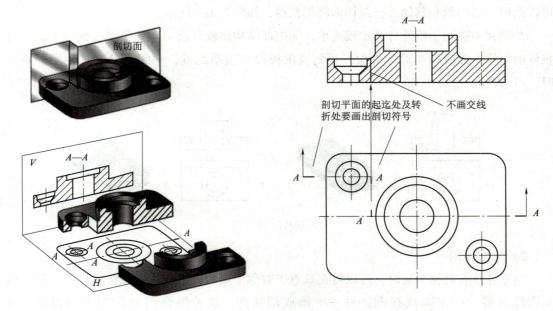

图 2.101　几个平行的剖切平面

3）几个相交的剖切面

用几个相交的剖切面（交线垂直于某一基本投影面）剖开机件获得的剖视图应旋转到一个投影平面上，如图 2.102 所示。画此类剖视图时，先假想按剖切位置剖开机件，然后将被剖切平面剖开的结构及其有关部分旋转至与选定的投影面平行后再进行投射。应注意的是：凡是没有被剖切平面剖到的结构，应按原来的位置画出它们的投影。

标注时，在剖切面的起点、终点和转折点处画出剖切符号，并标出相同的字母，其余的标注内容的标注方法与单一剖相同。注意图中箭头表示投影方向而非旋转方向。

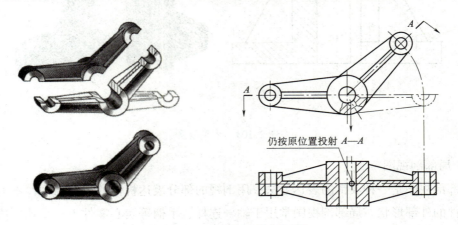

图 2.102　两个相交的剖切面

2. 按照剖切范围分类

1）全剖视图

用一个（或几个）剖切面完全将零件剖开后所得到的剖视图称为全剖视图。全剖视图可以由单一剖切面和其他几种剖切面剖切获得，如图 2.103 所示。

全剖视图适用于机件外形比较简单，而内部结构比较复杂时。如果单一剖切平面通过机件的对称平面或基本对称平面，且剖视图按投影关系配置，中间又没有其他图形隔开时，可省略标注。

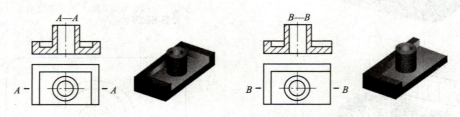

图 2.103 全剖视图

2）半剖视图

当零件具有对称平面时，可以将在垂直于对称平面的投影面上投影所得到的图形，以对称线为界，一半画成视图，另一半画成剖视图，这种组合图形称为半剖视图，如图 2.104 所示。半剖视图的标注，仍按照剖视图的标注规定。

对于内外部形状都比较复杂的对称零件，有时采用全剖视图，就不能表达此零件的外形，在这种情况下我们可以使用半剖视图。当机件形状基本对称，且不对称部分已在其他视图中表达清楚时，也可画成半剖视图。

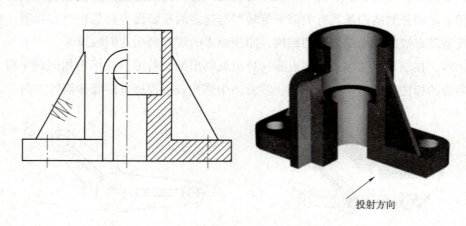

投射方向

图 2.104 半剖视图

3）局部剖视图

局部剖视图是一种灵活的表达方法，用剖视的部分表达机件的内部结构，不剖的部分表达机件的外部形状。局部剖视图常用于轴、连杆、手柄等实心零件上有小孔、槽、凹坑等局部结构需要表达其内部形状的零件，如图 2.105 所示。

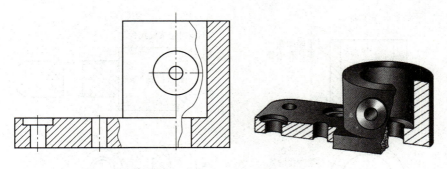

图 2.105　局部剖视图

画局部剖视图时应注意以下几点：

（1）局部剖视图一般不需要进行标注。

（2）如有特殊需要，可以在剖视图的剖面中再作一次局部剖，但两个剖面的剖面线的方向、间距应相同，且间隔要互相错开，如图 2.106 所示。

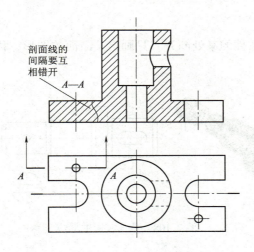

剖面线的间隔要互相错开

A—A

A

A

图 2.106　局部剖视图的剖切方法

（3）波浪线只能画在零件被剖到材料的范围之内。

（4）可用波浪线或双折线作为剖开部分和未剖切部分的分界线。画波浪线时不应与其他图线重合。若遇到可见的孔、槽等空洞结构，则不应使波浪线穿空而过，也不允许画到外轮廓线之外。

（5）局部剖视图是一种比较灵活的表达方法，但在一个视图中，局部剖视图的数量不宜过多，以免使图形过于破碎，如图 2.107 所示。

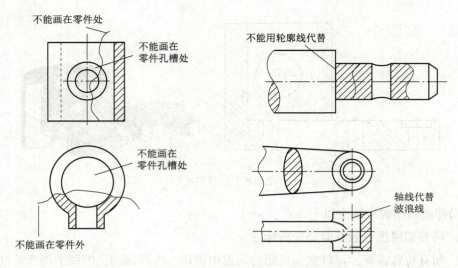

图 2.107　剖视图波浪线画法

（四）断面视图

假想用剖切平面将零件的某处断开，只画出其断面的图形，称为断面视图，简称断面图，如图 2.108 所示。

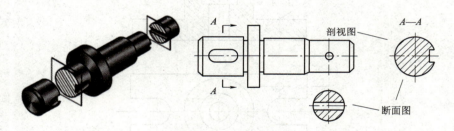

图 2.108　断面视图的形成

1. 移出断面

将断面图形画在原来的视图外面，称为移出断面。绘制移出断面图时应注意以下几点：

（1）国家标准规定，移出断面图中的可见轮廓线用粗实线绘制，并尽量画在剖切平面位置线的延长线上。必要时也可将移出断面图画在其他适当位置上。

（2）当剖切平面通过由回转体所形成的圆孔、锥孔、凹坑的轴线时，则这些结构按剖视图要求绘制，如图 2.109（a）所示。

（3）当剖切平面通过非回转体孔，会导致出现完全分离的两个断面时，其图形按剖视图绘制，如图 2.109（b）所示。

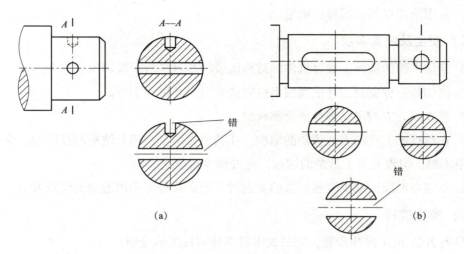

图 2.109 断面视图画法

2. 重合断面

如图 2.110 所示，在不影响图形清晰的前提下，将断面图画在原视图里面，称为重合断面，一般多用在断面形状较简单的情况下。

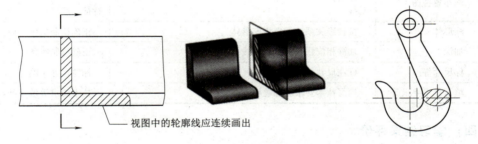

图 2.110 重合断面

绘制重合断面图时应注意以下几点：

（1）重合断面图的轮廓线规定用细实线绘制。

（2）当视图的轮廓线与重合断面的图形重叠时，视图的轮廓线仍按原来的画出，不可间断。

（3）重合断面图一般不标字母。

四、能力训练

（一）操作条件

（1）车辆拆卸钳工实训室 300 m^2。

（2）车辆拆卸工作台 30 张。

（3）常用绘图工具：图板、丁字尺、三角板、曲线板。

（4）常用绘图仪器：圆规、铅笔。

（二）安全及注意事项

（1）剖切平面的选择：通过机件的对称面或轴线且平行于投影面。

（2）剖切是一种假想，其他视图仍应完整画出，并可取剖视。

（3）剖切面后方的可见部分要全部画出。

（4）在剖视图上已经表达清楚的结构，在其他视图上此部分结构的投影为虚线时，其虚线省略不画，但没有表示清楚的结构，允许画少量虚线。

（5）不需在剖面区域中表示材料的类别时，剖面符号可采用通用剖面线表示。

（三）操作过程

按照表 2.27 所示操作步骤，完成发电机机座零件图的绘制。

表 2.27　绘制发电机机座零件图步骤

序号	步骤	操作方法	质量标准
1	定图幅、图框和标题栏	根据视图数量和大小，选择适当的绘图比例，绘制图幅、图框和标题栏	图幅和图框大小合适，标题栏无缺漏
2	画布置视图	根据各视图的轮廓尺寸，画出确定各视图位置的基线	视图能反映机座的全部特征
3	画形体	按投影关系，画出机座形体	正确绘制机座形体
4	加深	加深相应线条并画剖面线	正确绘制线条
5	标尺寸等	标注尺寸、表面粗糙度、尺寸公差等	标注尺寸正确等
6	填写技术要求等	填写技术要求和标题栏	技术要求等填写准确

（四）学习结果评价

对发电机机座零件图的绘制进行评价，完成表 2.28 的填写。

表 2.28　绘制发电机机座零件图评分标准

基本信息	姓名		学号		班级		组别	
	角色	主修人员□	辅修人员□	工具管理□	零件摆放□	安全监督□	质量检验□	6S 监督□
	规定时间		完成时间		考核日期		总评成绩	

考核内容	序号	步骤	完成情况		标准分	评分
			完成	未完成		
	1	定图幅、图框和标题栏			10	
	2	画布置视图			10	
	3	画形体			10	
	4	加深			10	
	5	标尺寸等			10	
	6	填写技术要求等			10	

续表

6S 管理	整理、整顿、清扫、清洁、素养、安全		10	
团队协作			10	
沟通表达			10	
工单填写			10	
教师评语				

五、课后作业

（一）填空题

1. 按剖切范围的大小来分，剖视图可分为 _____、_____、_____ 三种。

2. 剖视图的剖切方法可分为 _____、_____、_____。

3. 剖视图的标注包括三部分内容：_____、_____、_____。

4. 省略一切标注的剖视图，说明它的剖切平面通过机件的 _____。

5. 断面图用来表达零件的 _____ 形状，剖面可分为 _____ 和 _____ 两种。

6. 移出断面和重合断面的主要区别是：移出断面图画在 _____，轮廓线用 _____ 绘制；重合断面图画在 _____。

7. 在剖视图中，内螺纹的大径用 _____ 表示，小径用 _____ 表示，终止线用 _____ 表示。不可见螺纹孔，其大径、小径和终止线都用 _____ 表示。

（二）作图题

1. 在指定位置将主视图画成全剖视图。

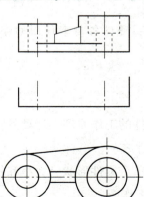

2. 在指定位置将主视图画成剖视图。

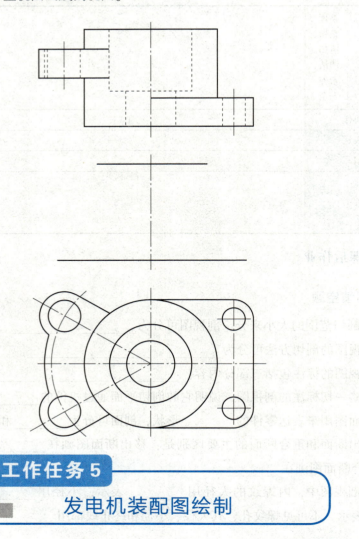

工作任务 5

发电机装配图绘制

项目 2 任务 5
职业能力 13

职业能力 13 能绘制发电机装配图

职业能力要求：通过之前零件图的学习，综合运用所学知识，完成发电机装配图的绘制。

一、核心概念

（1）装配图：表达机器或部件的工作原理、运动方式、零件间的连接及其装配关系的图样，它是生产中的主要技术文件之一。

（2）零件图：零件图是表达单个零件形状、大小和特征的图样，也是在制造和检验机器零件时所用的图样，又称零件工作图。

二、学习目标

（1）能读懂车辆装配图形。

（2）会画出发电机装配图。

三、基本知识

（一）装配图的作用

（1）在机器或部件的设计过程中，一般先根据设计要求画出装配图以表达机器或部件的工作原理、传动路线、零件之间的装配关系以及零件的主要结构形状，然后按要求设计零件并绘制零件图。

（2）在生产过程中，装配图又是制定机器或部件装配工艺规程、装配、检验、安装和维修的依据。

（3）装配图是生产和技术交流中重要的技术文件。

图 2.111 所示为发电机装配图。

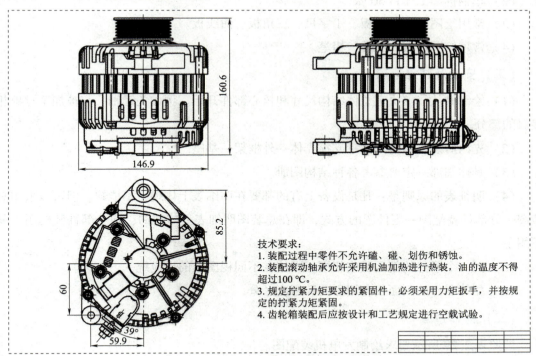

技术要求：
1. 装配过程中零件不允许磕、碰、划伤和锈蚀。
2. 装配滚动轴承允许采用机油加热进行热装，油的温度不得超过 100 ℃。
3. 规定拧紧力矩要求的紧固件，必须采用力矩扳手，并按规定的拧紧力矩紧固。
4. 齿轮箱装配后应按设计和工艺规定进行空载试验。

图 2.111　发电机装配图

（二）一张完整的装配图应具备的内容

1. 一组视图

用来表达机器或部件的工作原理、零件间的装配关系、零件的连接方式以及零件的主要结构形状等。

2. 必要的尺寸

装配图中必须标注反映机器或部件的规格、性能以及装配、检验和安装时所必要的一些尺寸。

3. 技术要求

在装配图中用文字或符号说明机器或部件的性能、装配、检验和使用等方面的要求。

4. 零件序号、明细栏和标题栏

根据生产组织和管理工作的需要，应对装配图中的组成零件编写序号，并填写明细栏和标题栏，说明机器或部件的名称、图号、图样比例以及零件的名称、材料、数量等一般概况。

四、能力训练

（一）操作条件

（1）车辆拆卸钳工实训室 300 m²。

（2）车辆拆卸工作台 30 张。

（3）常用绘图工具：图板、丁字尺、三角板、曲线板。

（4）常用绘图仪器：圆规、铅笔。

（二）安全及注意事项

（1）绘制时从能够决定总体结构尺寸和核心部件开始。例如关键轴，与被加工对象相接触的部分。

（2）先内后外，即传动链—支撑壳体—外框架—基座。

（3）具体细部一定要参考各种结构图册。

（4）明细表的原则是：凡是设备上有的都要在明细表上体现，不能缺。但可以采用总装图—分部件装配图—零件图的方式，即在总装图明细表上体现的，在分部件装配图上就不用了。

（5）同一个零件的剖面线应相同，即使在不同视图上的也应统一。

（6）相邻零件的剖面线应用方向和密度区分。

（三）操作过程

按照表 2.29 所示要求绘制发电机装配图。

表 2.29　绘制发电机装配图步骤

序号	步骤	操作方法	质量标准
1	绘制图幅、图框和标题栏	根据视图数量和大小，选择适当的绘图比例，绘制图幅、图框和标题栏	图幅和图框大小合适，标题栏无缺漏
2	画布置视图	根据各视图的轮廓尺寸，画出确定各视图位置的基线	视图能反映发电机的全部特征

序号	步骤	操作方法	质量标准
3	画形体	按投影关系，画出发电机各形体	正确绘制发电机形体
4	加深	加深相应线条并画剖面线	正确绘制线条
5	标尺寸等	标注尺寸、表面粗糙度、尺寸公差等	尺寸等正确标注
6	填写技术要求等	填写技术要求和标题栏	技术要求等填写准确

（四）学习结果评价

对发电机装配图的绘制进行评价，完成表 2.30 的填写。

表 2.30　绘制发电机装配图评分标准

基本信息	姓名		学号		班级		组别	
	角色	主修人员□　辅修人员□　工具管理□		零件摆放□	安全监督□	质量检验□		6S 监督□
	规定时间		完成时间		考核日期		总评成绩	
考核内容	序号	步　骤		完成情况		标准分	评分	
				完成	未完成			
	1	定图幅、图框和标题栏				10		
	2	画布置视图				10		
	3	画形体				10		
	4	加深				10		
	5	标尺寸等				10		
	6	填写技术要求等				10		
6S 管理	整理、整顿、清扫、清洁、素养、安全					10		
团队协作						10		
沟通表达						10		
工单填写						10		
教师评语								

五、课后作业

画出汽车发电机的装配图。

车辆零部件修配工具如图 3.1 所示。

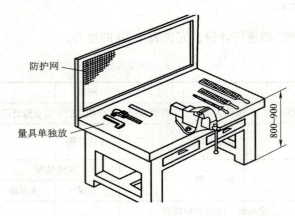

图 3.1　车辆零部件修配工具

工作任务 1

发电机螺母制作

发电机螺母如图 3.2 所示。

图 3.2　发电机螺母

职业能力 1　会制作六角螺母备料

职业能力要求：通过六角螺母的备料过程，学习了解钳工加工时划线的要求及手工锯使用的方法，为后续的车辆零部件修配做准备。

项目 3 任务 1
职业能力 1

一、核心概念

（1）手锯：手锯由锯弓和锯条两部分组成。锯弓用于装夹并张紧锯条，且便于双手操作。锯条是用来直接锯削材料或工件的刀具。

（2）划线：划线是指在毛坯或者工件上，用划线工具划出待加工部位的轮廓线或作为基准的点和线。

二、学习目标

（1）了解锯条的规格和选用。

（2）了解各种型材的锯削方法。

（3）了解划线的工具。

（4）掌握手锯的使用方法。

（5）掌握划线的方法。

三、基本知识

（一）锯条的规格及选用

1. 锯条的规格

锯条的规格包括长度规格和粗细规格。表 3.1 所示为锯条的规格及基本尺寸。

表 3.1　锯条的规格及基本尺寸（摘自 GB/T 17852—2018）

锯条形式	长度规格 l/mm	粗细规格		宽度 b/mn	厚度 a/mm
		每 25 mm 内的齿数	齿距 p/mm		
单面齿型（A 型）	300 或 250	32	0.8	12.0 或 10.7	0.65
		24	1.0		
		20	1.2		
		18	1.4		
		16	1.5		
		14	1.8		
双面齿型（B 型）	296	32	0.8	22	0.65
		24	1.0		
	292	18	1.4	25	

2. 锯条粗细规格的选择

锯条锯齿的粗细应根据材料的软硬和薄厚来选用。粗齿锯条的容屑槽较大，适用于锯削软材料和较大的表面，因为在这种情况下每锯一次都会产生较多的切屑，容屑槽大就不会产生堵塞而影响切削效率。锯条锯齿的粗细规格选择如表3.2所示。

表3.2　锯条锯齿的粗细规格选择

规格	每25 mm长度内的齿数	应用
粗	14～18	锯削铜、铝、铸铁、软钢等
中	22～24	锯削中等硬度钢，厚壁的钢管、铜管等
细	32	薄壁管子、薄板材料等
细变中	32～20	一般工厂中用，易于起锯

3. 锯条的分齿形式

锯条的分齿是指锯条在制造时，使锯齿按一定的规律左右错开，排成一定的形状，以提供锯切间隙。锯条的分齿形式有交叉形和波浪形两种，如图3.3所示。

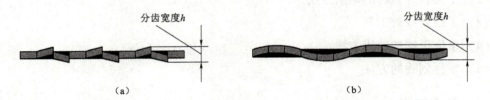

图3.3　锯条的分齿形式
（a）交叉形；（b）波浪形

4. 锯齿的几何参数

锯条的切削部分由许多均匀分布的锯齿组成，每一个锯齿如同一把錾子，都具有切削作用，如图3.4所示。

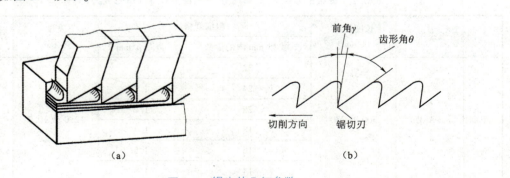

图3.4　锯齿的几何参数
（a）锯条的切削部分；（b）锯齿的几何角度

5. 锯条的安装

锯条可根据加工需要安装成直向、横向或斜向等。手锯向前推时才起切削作用，因此，锯条安装时一定要注意锯齿应向前倾斜，如图 3.5 所示。

（a）　　　　　　　　　　　　　　（b）

图 3.5　锯条的安装

（a）正确；（b）错误

（二）锯削操作要领

1. 工件装夹

将工件夹持在台虎钳的左侧，伸出端尽量短，锯缝线尽量靠近钳口且平行于钳口侧面，如图 3.6 所示。

2. 锯削姿势

正确的锯削姿势能减轻疲劳，保证锯削质量，提高锯削效率，如图 3.7 所示。

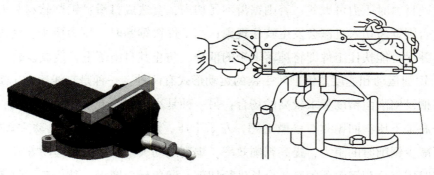

图 3.6　台虎钳　　　　　　　图 3.7　手锯握法

（1）站立位置和姿势如图 3.8 所示。

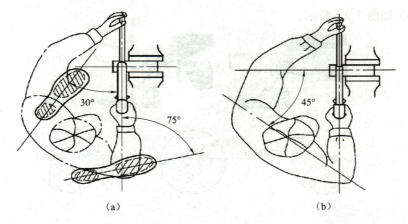

（a）　　　　　　　　　　　　　　（b）

图 3.8　锯削站立位置和姿势

（a）站立位置；（b）姿势

（2）锯削行程如图3.9所示。

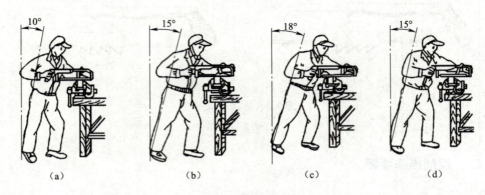

图3.9　锯削行程

（a）开始时；（b）行程达1/3；（c）行程达2/3；（d）行程最后1/3

（3）锯削压力。锯削时，手锯推出为锯削过程，退回时不参加切削，为避免锯齿磨损，提高工作效率，推锯时，应施加压力，回锯时，不施加压力而自然返回。

锯削硬材料时压力可大些，否则锯齿不易切入，会造成打滑；锯削软材料时，压力要稍小些，否则锯齿切入过深会发生咬住现象；当工件快锯断时，压力要小，速度要慢，行程要短，并尽可能扶住工件即将掉落下来的部分，防止其自由落下，造成事故。

（4）锯削运动和速度。锯削时手锯的运动形式有两种：一种是直线运动，适用于薄型工件、直槽及锯削面精度要求较高的场合；另一种是小幅度的上下摆动式运动，推锯时左手上翘，右手下压；回锯时右手微上翘，左手下压，形成摆动，这种运动方式操作自然、省力，可减少锯削时的阻力，提高锯削效率，锯削运动大都采用这种运动方式。

锯削时应充分利用锯条的有效全长进行切削，避免局部磨损，从而延长锯条的使用寿命。一般锯削行程不小于锯条全长的2/3，锯削时的运动速度为40次/分钟。

3. 起锯方法

起锯方法如图3.10所示。

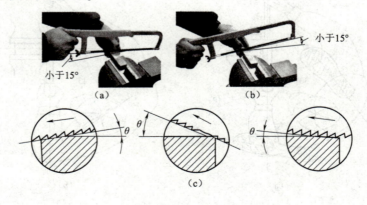

图3.10　起锯方法

（a）远起锯；（b）近起锯；（c）起锯角控制

4. 各种型材的锯削方法

（1）棒料锯削：要求断面平整的——一次起锯；对断面要求不高的——多次起锯，如图 3.11 所示。

（2）管子锯削：用 V 形块夹持，采用细齿锯条，多次起锯，如图 3.12 所示。

（3）厚板料锯削，如图 3.13 所示。

（4）薄板料锯削：用细齿锯条，从宽面上锯削，如图 3.14 所示。

图 3.11 棒料锯削

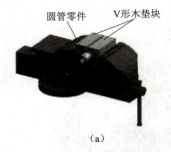

(a)

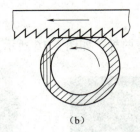

(b)

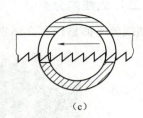

(c)

图 3.12 管子锯削

（a）管子夹持；（b）转位锯削；（c）不正确锯削

图 3.13 厚板料锯削

图 3.14 薄板料锯削

173

（5）型钢锯削：从宽面进行，如图 3.15 所示。

（a） （b）

图 3.15　型钢锯削

（a）角钢锯削；（b）槽钢锯削

（三）划线的分类

划线分平面划线和立体划线两种，如图 3.16 所示。

（a） （b）

图 3.16　平面划线与立体划线

（a）平面划线；（b）立体划线

1. 划线的作用

（1）确定工件的加工余量，使机械加工有明确的尺寸界线。

（2）便于复杂工件在机床上安装，可以按划线找正定位。

（3）能够及时发现和处理不合格的毛坯，避免加工后造成损失。

（4）采用借料划线可以使误差不大的毛坯得到补救，使加工后的零件仍能符合要求，提高毛坯的利用率。

2. 划线的工具

（1）划线板：用于安放工件和划线工具，并在其工作面上完成划线及检测，如图 3.17 所示。

图 3.17　划线板

使用注意事项：

①放置划线板时应使工作表面处于水平状态。

②划线板工作表面应保持清洁。

③工件和工具在划线板上应轻拿轻放，不可损伤其工作表面。

④不可在划线板上进行敲击作业。

⑤用完后要擦拭干净，并涂上机油防锈。

（2）划针：是直接在毛坯或者工件上划线的工具，如图 3.18 所示。

图 3.18 划针

划线的线条宽度应保证在 0.05 ~ 0.1 mm 内。划针通常与钢直尺、三角尺、划线样板等导向工具配合使用。划针的使用方法如图 3.19 所示。

使用注意事项：

①划线时针尖要紧靠导向工具的边缘，并压紧导向工具。

②划线时，划针向划线方向倾斜 45°~75°夹角，上部向外侧倾斜 15°~20°。

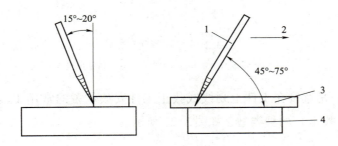

图 3.19 划针的使用方法

1—划针；2—划针方向；3—量块；4—工件

（3）划规：用于划圆和圆弧，等分线段和角度，量取尺寸，如图 3.20 所示。

划规的使用方法如图 3.21 所示。

使用注意事项：

①划规划圆时，作为旋转中心的一脚应施加较大的压力，而施加较轻的压力于另一脚，在工件表面划线。

②划规两脚的长短应磨得稍有不同，且两脚合拢时脚尖应能靠紧，这样才能划出较小的圆。

③为保证划出的线条清晰，划规的脚尖应保持尖锐。

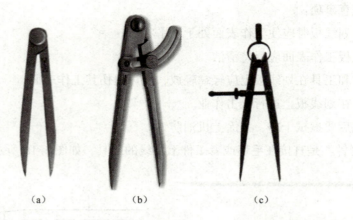

图 3.20　划规

（a）普通划规；（b）扇形划规（c）弹簧划规

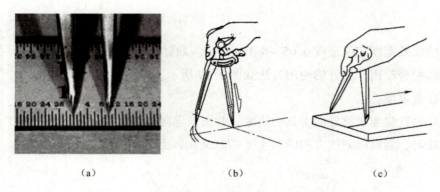

图 3.21　划规的使用方法

（a）量取尺寸；（b）划圆弧；（c）划平行线

（4）划线盘：是直接在工件上划线或找正工件安放位置的常用工具，划线盘有直头（划线）和弯头（找正）两种类型，如图 3.22 所示。

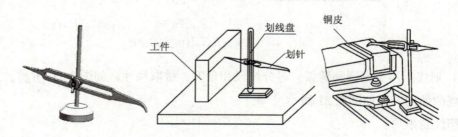

图 3.22　划线盘

使用注意事项：

①用划线盘划线时，划针伸出夹紧装置以外不宜太长，并要夹紧牢固，防止松动且应尽量接近水平位置夹紧划针。

②划线盘底面与平板接触面均应保持清洁。

③拖动划线盘时应紧贴划线板工作面，不能摆动、跳动。

④划线时，划针与工件划线表面的划线方向保持 40°~60° 的夹角。

（5）游标高度尺：是精确的量具及划线工具，如图 3.23 所示。

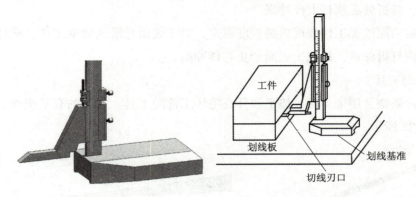

图 3.23　游标高度尺

使用注意事项：

①游标高度尺作为精密划线工具，不得用于粗糙毛坯表面的划线。

②用完以后应将游标高度尺擦拭干净，涂油装盒保存。

（6）钢直尺：是简单的测量工具和划线时的导向工具，如图 3.24 所示。

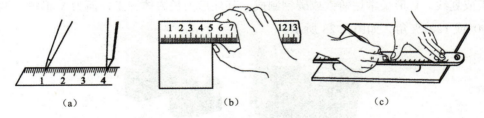

图 3.24　钢直尺的使用方法

(a) 量取尺寸；(b) 测量尺寸；(c) 划直线

（7）样冲：用于在工件中所划的线条上打样冲眼，加强加工界线，也用于圆弧中心或钻孔时的定位中心打眼，如图 3.25 所示，其使用方法如图 3.26 所示。

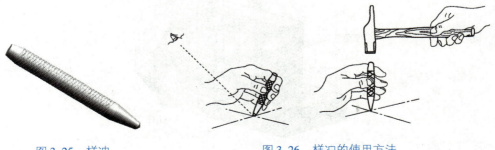

图 3.25　样冲　　　　　　　　　　图 3.26　样冲的使用方法

177

使用注意事项：

①样冲刃磨时应防止过热退火。

②打样冲眼时冲尖应对准所划线条正中。

③样冲眼间距视线条长短曲直而定，线条长而直时，间距可大些，短而曲时，间距应小些，交叉、转折处必须打上样冲眼。

④样冲眼的深浅视工件表面粗糙程度而定，对于表面光滑或薄壁工件，样冲眼打得浅些，粗糙表面打得深些，精加工表面禁止打样冲眼。

（8）辅助工具。

①垫铁：垫铁是用来支持、垫平和升高毛坯工件的工具。常用的有平垫铁、斜垫铁两种，如图 3.27 所示。

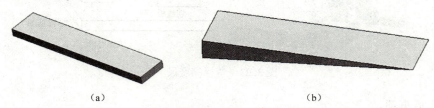

（a）　　　　　　　　　　　　　（b）

图 3.27　垫铁

（a）平垫铁；（b）斜垫铁

②V 形架：V 形架主要用来支承工件的圆柱面，使圆柱的轴线平行于平台工作面，便于找正或划线。V 形架常用铸铁或碳钢制成，其外形为长方体，工作面为 V 形槽，两侧面互成 90°或 120°夹角，如图 3.28 所示。

图 3.28　V 形架

③直角铁：用来装夹工件并在它的垂直面上划线，如图 3.29 所示。

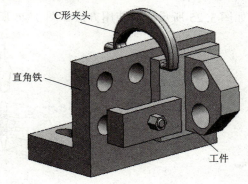

C形夹头

直角铁

工件

图 3.29　直角铁

④方箱：用于安装工件，且翻转方箱可一次划出全部相互垂直的线条，如图 3.30 所示。

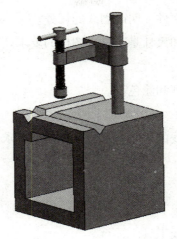

图 3.30 方箱

⑤千斤顶：是支持毛坯或不规则工件进行划线的工具，如图 3.31 所示。

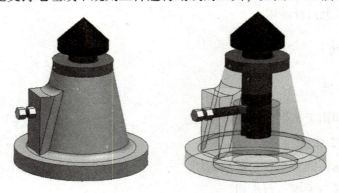

图 3.31 千斤顶

3. 划线基准的选择

（1）基准：图样（工件）上用来确定生产对象上几何要素间的几何关系所依据的那些点、线、面。

一般选择原则：

①划线基准首先应考虑与设计基准保持一致。

②有已加工面的工件，应优先选择已加工面为划线基准。

③毛坯上没有已加工面时，首先选择最主要的（或大的）不加工面为划线基准。

（2）平面划线：即在工件的一个平面上划线后能明确表明加工界限，它与平面作图法类似（选择 2 个划线基准）。

（3）立体划线：是在工件的几个相互成不同角度的表面上都划线，即在长、宽、高三个方向上划线（选择 3 个划线基准）。

4. 划线前的准备工作和划线步骤

（1）划线前的准备工作。

①首先要看懂图样和工艺文件，明确划线的任务。

②其次是检查工件的形状和尺寸是否符合图样的要求。

③然后选择划线工具。

④最后对划线部位进行清理和涂色等。

（2）划线步骤。

①分析图样，了解需要划线的尺寸、部位、作用、要求及有关的加工工艺。

②清理，涂色。

③确定划线基准。

④初步检查毛坯的误差情况。

⑤正确安放工件和选用划线工具。

⑥进行划线。

⑦详细检查划线的准确性以及是否有漏划的线条。

⑧在加工界线上打样冲眼。

四、能力训练

（一）操作条件

（1）车辆拆卸钳工实训室 300 m²。

（2）工作台 12 张。

（3）绘图工具：钢直尺、划针或划规。

（4）锯削工具：手锯、台虎钳。

（二）安全及注意事项

（1）在用手锯锯削下料时，当工件快锯断时，压力要小，速度要慢，行程要短，并尽可能扶住工件即将掉落下来的部分，防止其自由落下，造成事故。

（2）在用手锯锯削下料时，切忌将整个身体重心施加在手工锯上，防止在锯削过程中，锯片折断，造成事故。

（三）操作过程

按照表 3.3 所示操作步骤，完成六角螺母备料的制作。

表 3.3　六角螺母备料的制作

序号	步　骤	操作方法	质量标准
1	检查下料的圆钢尺寸	根据所给的螺母的零件图，检查需要下料的圆钢尺寸是否满足下料要求	需要下料的圆钢尺寸要大于螺母零件图的尺寸要求

续表

序号	步　骤	操作方法	质量标准
2	划线	根据所给的螺母零件图尺寸要求，用划针或者划规在圆钢上进行标记	能正确使用划针或者划规在圆钢上进行标记
3	锯削	根据在圆钢上的标记，用手锯进行锯削下料	能正确使用手锯对圆钢进行锯削操作

（四）学习结果评价

对六角螺母备料制作操作进行评价，完成表 3.4 的填写。

表 3.4　六角螺母备料制作操作评分标准

基本信息	姓名		学号		班级		组别	
	角色	主修人员□　辅修人员□　工具管理□　零件摆放□　安全监督□　质量检验□　6S 监督□						
	规定时间		完成时间		考核日期		总评成绩	
考核内容	序号	步　骤		完成情况		标准分	评分	
				完成	未完成			
	1	检查下料的圆钢尺寸				10		
	2	划线				10		
	3	锯削				40		
6S 管理	整理、整顿、清扫、清洁、素养、安全					10		
团队协作						10		
沟通表达						10		
工单填写						10		
教师评语								

五、课后作业

1. 锯削下来的圆钢端面倾斜、平整度较低的原因有哪些？

2. 简要概括在工件上划线以及使用手工锯锯削的操作。

3. 简要说明自己下料的情况并分析其中原因。

项目 3 任务 1
职业能力 2

职业能力 2　会锉削六角螺母端面

职业能力要求：通过对六角螺母端面的锉削，学习了解锉刀的使用方法以及平面度、垂直度等形位公差的具体含义，为后续的车辆零部件修配做准备。

一、核心概念

（1）锉削：用锉刀对工件表面进行切削加工，使工件达到所要求的尺寸、形状和表面粗糙度的操作方法。

（2）平面度：用来限制实际平面形状误差的一项指标。

（3）垂直度：限制实际要素对基准在垂直方向上的变动量的一项指标。

（4）表面粗糙度：零件表面上具有的较小间距和峰谷所组成的微观不平程度。

二、学习目标

（1）了解锉刀的结构、分类、规格以及选择的原则。

（2）了解平面度、垂直度、表面粗糙度的定义。

（3）掌握锉刀的正确使用方法。

（4）掌握平面度、垂直度的检查方法。

三、基本知识

（一）锉刀

锉刀由锉身和锉刀柄两部分组成，如图 3.32 所示。

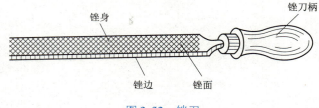

图 3.32　锉刀

锉刀面上有大量锉齿，锉削时每个锉齿相当于一把錾子，对金属材料进行切削。根据锉齿的排列方式，锉刀的锉纹分为单锉纹（软材料）和双锉纹（硬材料）两种，如图 3.33 所示。

图 3.33　锉刀的锉纹
（a）单锉纹；（b）双锉纹

（二）锉刀的种类

锉刀的种类很多，按用途不同，锉刀可分为普通锉、整形锉（什锦锉）和异形锉三类。锉刀的分类、特点及应用如表 3.5 所示。

表 3.5　锉刀的分类、特点及应用

锉刀类型	图　　示	特点及应用
普通锉	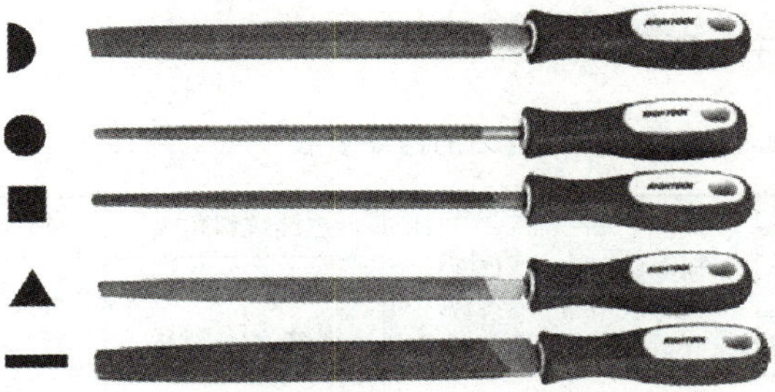	该类锉刀按其断面形状分为平锉、方锉、三角锉、半圆锉和圆锉五种，是钳工最常用的锉削工具
整形锉		通常由多支不同断面形状的锉刀组成，常用的由 5 支、8 支或 10 支为一组。按断面形状有平锉、方锉、三角锉、圆锉、半圆锉、菱形锉、刀口锉、椭圆锉、单边三角锉等多种，主要用于修整工件上的细小部分

续表

锉刀类型	图　示	特点及应用
异形锉		其锉身形状各异，除扁锉、方锉、三角锉、半圆锉、圆锉外，还有刀形锉、菱形锉、单面三角锉、双半圆锉、椭圆锉等，主要用来锉削工件上的特殊表面

（三）锉刀的规格

锉刀的规格包括尺寸规格和锉纹的粗细规格。

（1）尺寸规格：圆锉以其断面直径为尺寸规格，方锉以其边长为尺寸规格，其他锉刀以锉身长度为尺寸规格，常用的有 100 mm、150 mm、200 mm、250 mm、300 mm、350 mm 等。异形锉和整形锉以锉刀全长为尺寸规格。

（2）粗细规格：以锉刀每 10 mm 轴向长度内的主锉纹条数来表示。

普通锉刀的锉纹参数如表 3.6 所示。

表 3.6　普通锉刀的锉纹参数

长度规格/mm	每 10 mm 主锉纹条数 锉纹号					辅锉纹条数	边锉纹条数	主锉纹斜角 λ		辅锉纹斜角 ω		边锉纹斜角 θ
	1	2	3	4	5			1~3号锉纹	4~5号锉纹	1~3号锉纹	4~5号锉纹	
100	14	20	28	40	56	为主锉纹条数的75%~95%	为主锉纹条数的100%~120%	65°	72°	45°	52°	90°
125	12	18	25	36	50							
150	11	16	22	32	45							
200	10	14	20	28	40							
250	9	12	18	25	36							
300	8	11	16	22	32							
350	7	10	14	20	—							
400	6	9	12	—	—							
450	5.5	8	11	—	—							

（3）锉刀编号的组成顺序：类别代号—形式代号—规格—锉纹号。

表 3.7 列出了锉刀类别与代号的关系。

表 3.7　锉刀代号

类别代号	类　别
Q	钳工锉
J	锯锉

续表

类别代号	类　　别
Z	整形锉
Y	异形锉
B	钟表整形锉
T	特殊钟表锉
M	木锉

（四）锉刀的选择

原则：根据工件表面形状、尺寸大小、材料性质、加工余量大小及加工精度和表面粗糙度要求的高低来选用。

（1）锉刀断面形状的选择。锉刀断面形状应与工件被加工表面的形状相适应，如图 3.34 所示。

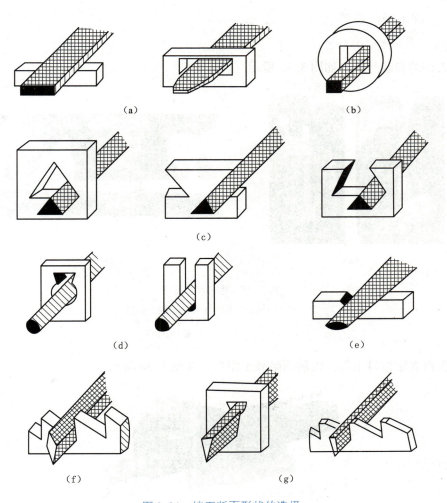

图 3.34　锉刀断面形状的选择

（a）平锉；（b）方锉；（c）三角锉；（d）圆锉；（e）半圆锉；（f）菱形锉；（g）刀口锉

（2）锉刀粗细规格的选择。其选择原则是粗—软材料、余量大、精度低；具体的粗细规格及适用场合如表 3.8 所示。

表 3.8　锉刀粗细规格的选择

粗细规格	适用场合		
	锉削余量/mm	尺寸精度/mm	表面粗糙度 Ra/μm
1 号（粗齿锉刀）	0.5 ~ 1	0.2 ~ 0.5	100 ~ 25
2 号（中齿锉刀）	0.2 ~ 0.5	0.05 ~ 0.2	25 ~ 6.3
3 号（细齿锉刀）	0.1 ~ 0.3	0.02 ~ 0.05	12.5 ~ 3.2
4 号（双细齿锉刀）	0.1 ~ 0.2	0.01 ~ 0.02	6.3 ~ 1.6
5 号（油光锉刀）	0.1 以下	0.01	1.6 ~ 0.8

（3）锉刀尺寸规格的选择。锉刀尺寸规格根据加工面的大小和加工余量的多少来选择。加工面较大、余量多时，选择较长的锉刀，反之则选用较短的锉刀。

（五）锉削操作要领

1. 锉刀柄的安装与拆卸

锉刀柄的安装与拆卸如图 3.35 所示。

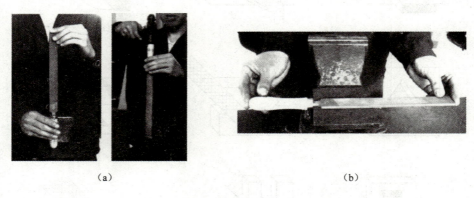

（a）　　　　　　　　　　　　　　（b）

图 3.35　锉刀柄的装拆

（a）锉刀柄的安装；（b）锉刀柄的拆卸

2. 工件的装夹

夹在台虎钳钳口中部，锉削面略高于钳口，如图 3.36 所示。

图 3.36　锉刀工件装夹

3. 锉刀的握法

（1）大锉刀（250 mm 以上）的握法，如图 3.37 所示。

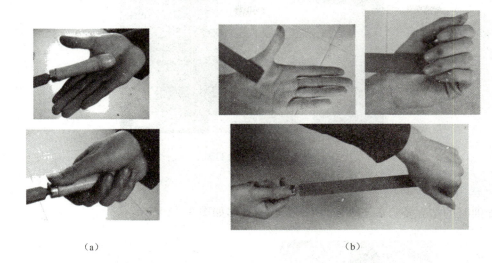

（a）　　　　　　　　　　　　　　　　　　（b）

图 3.37　大锉刀的握法

（a）右手握法；（b）左手握法

（2）中型锉刀（200 mm）的握法，如图 3.38 所示。

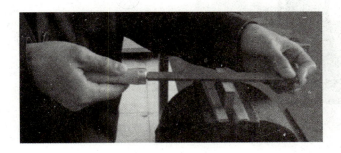

图 3.38　中型锉刀的握法

（3）小型锉刀（150 mm）的握法，如图 3.39 所示。

图 3.39　小型锉刀的握法

（4）125 mm 以下的锉刀及整形锉的握法，如图 3.40 所示。

图 3.40　整形锉的握法

4. 锉削的姿势及动作

锉削时的站立姿势如图 3.41 所示，锉削动作如图 3.42 所示。

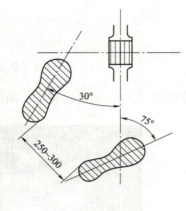

图 3.41　锉削时的站立姿势

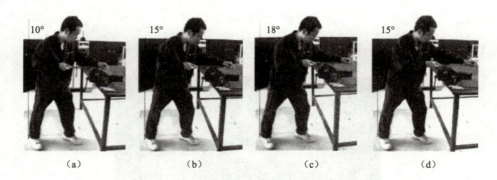

（a）　　　　　　　（b）　　　　　　　（c）　　　　　　　（d）

图 3.42　锉削动作

5. 锉削用力和锉削速度

（1）锉削用力：水平推力和垂直压力，如图 3.43 所示。

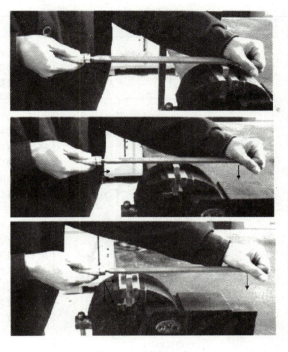

图 3.43   锉削用力

（2）锉削速度：锉削速度一般为 40 次/分钟。太快，操作者容易疲劳，且锉齿易磨钝；太慢，则切削效率低。推出时稍慢，回程时稍快，动作要自然协调。

6. 锉削方法

（1）常用的基本锉削方法，如表 3.9 所示。

表 3.9   基本锉削方法

锉削方法		图 示	特点及应用
平面锉削	交叉锉		锉刀运动方向与工件夹持方向呈 30°~40° 角，且锉痕交叉。由于锉刀与工件的接触面大，容易掌握锉刀平衡，同时，从锉痕上可以判断出锉削面的高低情况，便于不断地修正锉削部位。 交叉锉一般用于粗加工
	推锉		推锉时，容易掌握锉刀平衡，一般用于狭长平面的平面度修整，或锉刀推进受阻碍时要求锉纹一致而采用的一种补偿方法。由于推锉时锉刀的运动方向不是锉齿的切削方向，且不能充分发挥手的力量，故效率低，只适合于加工余量小的场合和修整尺寸

锉削方法		图　示	特点及应用
平面锉削	铲锉		铲锉是利用锉刀前端的弧度对工件表面的局部进行锉削，主要适用于锉削面的修整
	外圆弧面锉削	前进　转动　横向锉法　摆动　摆动　前进　顺圆弧锉法	常见的外圆弧面锉削方法有横向锉法和顺圆弧锉法，锉削时要同时完成两种运动。 横向锉时，锉刀沿着圆弧面的轴线方向做直线运动，同时锉刀不断随圆弧面摆动。横向锉锉削效率高，且便于按划线位置均匀地锉近弧线，但只能锉成近似圆弧面的多棱形面，故多用于圆弧面的粗加工。 顺圆弧锉时，锉刀在做前进运动的同时，还应绕工件圆弧摆动。顺向锉能得到较光滑的圆弧面、较低的表面粗糙度值，但锉削位置不易掌握且效率不高，适用于精加工
曲面锉削	内圆弧面锉削		锉刀要同时完成三个运动：锉刀沿轴线做前进运动，沿圆弧面向左或向右移动，绕锉刀轴线转动
	圆球面锉削	转动　摆动　摆动　前进	锉削球面时要同时完成三个运动，即锉刀的前进、转动和摆动

（2）平面锉削要领。

为了快速、有效、准确地达到加工要求，必须按照一定的顺序进行加工，一般按以下原则：

①选择最大的平面作为基准面，先把该面锉平，使之达到平面度要求。

②先锉大平面后锉小平面。以大面控制小面，这样使测量准确、修整方便、误差小、余量小。

③先锉平行面，再锉垂直面。这样，一方面便于控制尺寸，另一方面是因为平行度的

测量比垂直度方便。

（六）锉削平面质量检测

1. 平面度检测

平面度检测如图 3.44 所示。

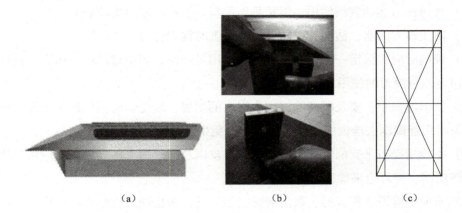

（a）　　　　　　　　　（b）　　　　　　　　　（c）

图 3.44　平面度的检测

（a）透光法检测；（b）塞尺测量；（c）测量位置

2. 垂直度检测

垂直度检测如图 3.45 所示。

图 3.45　垂直度检测

3. 表面粗糙度检测

一般用眼睛观察即可，也可用表面粗糙度比较样块进行对照检测。表面粗糙度要求较高时，可以用表面粗糙度仪检测。

四、能力训练

（一）操作条件

（1）车辆拆卸钳工实训室 300 m²。

（2）工作台 12 张。

（3）常用锉削工具：锉刀、台虎钳。

（4）常用测量工具：刀口尺、塞尺、90°角尺。

（二）安全及注意事项

（1）锉刀放置时避免与其他金属硬物相碰，也不能把锉刀重叠堆放，以免锉纹损伤。

（2）普通锉刀必须装柄使用，以免刺伤手腕。松动的锉刀柄应装紧后再用。

（3）防止锉刀沾水、沾油，以防锈蚀及锉削时锉刀打滑。

（4）锉削时应先认定一面使用，用钝后再用另一面，因用过的锉刀面容易锈蚀，两面同时使用会缩短锉刀的使用寿命。

（5）锉削过程中，要及时清除锉纹中嵌入的切屑，以免切屑刮伤加工表面。锉刀用完后，应及时用锉刷刷去锉齿中的残留切屑，以免生锈。

（6）不能用锉刀来锉削毛坯的硬皮或氧化皮以及淬硬的工件表面，而应用其他工具或锉刀的锉梢端、锉刀边来加工。

（7）不能把锉刀当作装拆、敲击或撬物的工具，防止锉刀折断造成损伤。

（8）使用整形锉时，用力不能过猛，以免折断锉刀。

（三）操作过程

按照表3.10所示的操作步骤，完成六角螺母端面锉削。

表3.10　六角螺母端面锉削步骤

序号	步骤	操作方法	质量标准
1	端面的锉削	根据螺母的零件图对六角螺母的端面进行锉削加工	端面符合螺母零件图的平面度和垂直度的要求；尺寸符合零件图的尺寸要求
2	检查平面度	根据螺母的零件图中平面度的要求进行测量	平面度符合零件图中的要求
3	检查垂直度	根据螺母的零件图中垂直度的要求进行测量	垂直度符合零件图中的要求

（四）学习结果评价

对六角螺母端面锉削操作进行评价，完成表3.11的填写。

表3.11　六角螺母端面锉削评分标准

基本信息	姓名		学号		班级		组别		
	角色	主修人员□	辅修人员□	工具管理□	零件摆放□	安全监督□	质量检验□		6S监督□
	规定时间		完成时间		考核日期		总评成绩		
考核内容	序号	步骤		完成情况		标准分	评分		
				完成	未完成				
	1	端面的锉削				20			
	2	检查平面度				20			
	3	检查垂直度				20			

续表

6S 管理	整理、整顿、清扫、清洁、素养、安全		10	
团队协作			10	
沟通表达			10	
工单填写			10	
教师评语				

五、课后作业

1. 简述平面锉削的操作要领。

2. 简述平面度以及垂直度的检查方法。

职业能力 3　会锉削六角螺母角度面

职业能力要求：通过六角螺母角度面锉削，了解钳工加工时划线的要求及手工锯使用的方法，为后续的车辆零部件修配做准备。

项目 3 任务 1

职业能力 3

一、核心概念

（1）正六边形绘制：利用圆的六等分及圆的内接正六边形进行绘制。

（2）万能角度尺：又称角度规。它是利用活动直尺测量面相对于基尺测量面的旋转，对该两测量面间分隔的角度进行读数的角度测量器具。

二、学习目标

（1）掌握正六边形的绘制方法。

（2）掌握正六边形的锉削方法。

（3）掌握万能角度尺的使用方法。

三、基本知识

（一）圆的六等分及作正六边形

如图 3.46 所示，已知对角线长度 D，正六边形的作图方法如下：

（1）根据 D 作外接圆。

（2）过点 A、B 以 $D/2$ 为半径画圆弧。

（3）画正六边形，完成作图。

（二）六面体的加工顺序

六面体的加工按照顺序安装 1 号到 6 号，依次使用锉刀进行锉削加工，在加工的过程中，使用刀口尺检查每个面的平面度，使用 90°角尺检查垂直度，使用游标卡尺检查尺寸，使用万能角度尺检查角度是否为 120°，如图 3.47 所示。

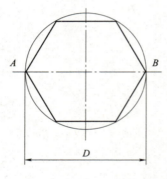

图 3.46　正六边形

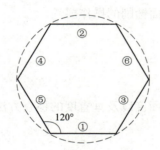

图 3.47　正六面体加工顺序

（三）万能角度尺

1. 万能角度尺的结构

万能角度尺的结构如图 3.48 所示。

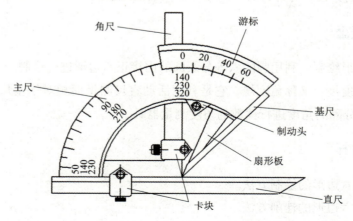

图 3.48　万能角度尺

2. 万能角度尺的使用方法

测量时，放松制动器上的螺帽，移动主尺座做粗调整，再转动游标背后的手把做精细调整，直到使角度规的两测量面与被测工件的工作面密切接触为止。然后拧紧制动器上的螺帽加以固定，即可进行读数，如图 3.49 所示。

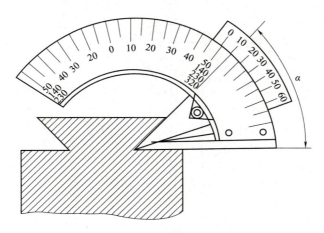

图 3.49　万能角度尺读数

注意：当测量被测工件内角时，应从 360° 减去角度规上的读数值；如在角度上读数为 306°24′，则内角测量值为 360° − 306°24′ = 53°36′。

（1）测量 0° ~ 50° 之间的角度。将角尺和直尺全都装上，产品的被测部位放在基尺和直尺的测量面之间进行测量，如图 3.50 所示。

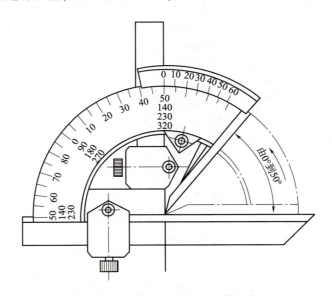

图 3.50　测量 0° ~ 50° 之间的角度

（2）测量 50° ~ 140° 之间的角度。把角尺卸掉，把直尺装上去，使它与扇形板连在一起。工件的被测部位放在基尺和直尺的测量面之间进行测量，如图 3.51 所示。

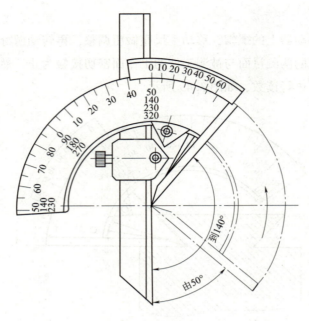

图 3.51　测量 50°~140°之间的角度

（3）测量 140°~230°之间的角度。把直尺和卡块卸掉，只装角尺，但要把角尺推上去，直到角尺短边与长边的交点和基尺的尖端对齐为止。把工件的被测部位放在基尺和角尺短边的测量面之间进行测量，如图 3.52 所示。

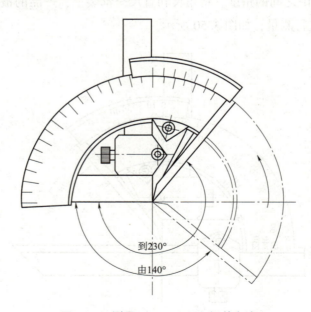

图 3.52　测量 140°~230°之间的角度

（4）测量 230°~320°之间的角度。把角尺、直尺和卡块全部卸掉，只留下扇形板和主尺（带基尺）。把产品的被测部位放在基尺和扇形板测量面之间进行测量，如图 3.53 所示。

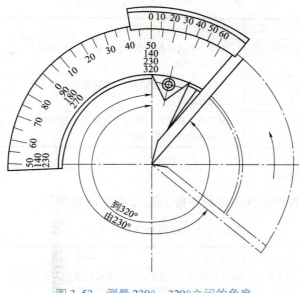

图 3.53　测量 230°～320°之间的角度

四、能力训练

（一）操作条件

（1）车辆拆卸钳工实训室 300 m²。

（2）工作台 12 张。

（3）常用锉削工具：锉刀、台虎钳。

（4）常用测量工具：万能角度尺。

（5）常用绘图工具：铅笔、圆规等。

（二）安全及注意事项

（1）在进行正六边形绘图时，需按照正确的绘图要求、绘图仪器的使用方法进行绘图，避免圆规针脚对自己造成损伤。

（2）锉刀是右手工具，应放在台虎钳的右边，锉刀柄不要露出钳台外边，以防跌落而扎伤脚或损坏锉刀。

（3）不使用无柄或柄已开裂的锉刀，锉刀柄一定要装紧，防止手柄脱落而刺伤手。

（4）不能用嘴吹切屑，防止切屑飞入眼中，也不能用手清除切屑，以防扎伤手，同时因手上有油污，会使锉削时锉刀打滑而造成事故。

（5）夹持已加工面时应使用保护片，较大工件要加木垫。

（三）操作过程

按照表 3.12 完成六角螺母角度面锉削步骤。

表 3.12　六角螺母角度面锉削步骤

序号	步　骤	操作方法	质量标准
1	在圆钢的端面绘制正六边形	按照正六边形的绘制方法，在圆钢的端面绘制正六边形	符合螺母的零件图尺寸要求
2	锉削正六面体	根据所绘制的正六边形，按正确的锉削方法锉削六面体	符合螺母的零件图尺寸要求
3	检查正六面体	利用角尺和卡尺等测量工具对六角螺母的六面体锉削成型进行检测	符合螺母的零件图尺寸要求

（四）学习结果评价

对六角螺母角度面锉削操作进行评价，完成表 3.13 的填写。

表 3.13　六角螺母角度面锉削评分标准

基本信息	姓名		学号		班级		组别	
	角色	主修人员□　辅修人员□　工具管理□　零件摆放□　安全监督□　质量检验□　6S 监督□						
	规定时间		完成时间		考核日期		总评成绩	
考核内容	序号	步　骤		完成情况		标准分	评分	
				完成	未完成			
	1	在圆钢的端面绘制正六边形				20		
	2	锉削正六面体				20		
	3	检查正六面体				20		
6S 管理	整理、整顿、清扫、清洁、素养、安全					10		
团队协作						10		
沟通表达						10		
工单填写						10		
教师评语								

五、课后作业

1. 如何在圆内画出内接的正六边形？

2. 简述六面体锉削加工顺序。

3. 如何用万能角度尺测量 50°～140°之间的角度？

职业能力 4　会制作六角螺母螺纹

项目 3 任务 1
职业能力 4

职业能力要求：通过六角螺母螺纹加工制作，掌握钻孔和攻螺纹的方法，为接下来的车辆零部件修配做准备。

一、核心概念

（1）钻孔：用钻头在实体工件上加工出孔的方法称为钻孔。

（2）攻螺纹：用丝锥在工件孔中切削出内螺纹的加工方法称为攻螺纹（俗称攻丝）。

二、学习目标

（1）了解钻孔的常用工具。

（2）了解攻螺纹的含义以及攻螺纹常用的工具。

（3）掌握钻孔的操作方法。

（4）掌握攻螺纹的操作方法。

三、基本知识

（一）钻孔

1. 钻孔的工具

1）刀具材料

刀具材料应具备的性能：

（1）高硬度：高于工件硬度；

（2）高耐磨性：具有较高的抗磨损能力；

（3）足够的强度和韧性：能承受压力、冲击和振动，防止崩刃或脆性断裂；

（4）高耐热性：高温下保持高硬度；

（5）良好的工艺性：便于刀具制造。

钳工常用的刀具材料如表 3.14 所示。

表 3.14　钳工常用的刀具材料

刀具材料	主要性能	主要应用	常见牌号与分类
碳素工具钢	含碳量为 0.65% ~ 1.3%，淬火后硬度较高（60 ~ 64HRC），刃磨性好，刃口锋利，价格便宜，但温度超过 200 ℃后硬度就显著下降，耐磨性差，淬透性差，淬硬层薄	常用于低速手工刀具，如手用铰刀、锉刀和锯条等	T10A、T12A 等
合金工具钢	与碳素工具钢相比有较高的韧性、耐磨性和耐热性（耐热温度约 220 ℃），热处理变形小，淬透性较碳素工具钢好	适用于制造丝锥、圆板牙等形状复杂的刀具	9SiCr、CrWMn 等

2）麻花钻

钻头的种类较多，如麻花钻、扁钻、深孔钻、中心钻等。其中麻花钻是指容屑槽由螺旋面构成的钻头，钻体部分的形状像麻花一样，它是钳工常用的主要钻孔刀具，主要用来在实体材料上钻削直径为 100 mm 以下的孔。麻花钻的规格用直径表示（靠近切削部分处测量）。

麻花钻的组成：麻花钻由钻体和钻柄组成，如图 3.54 所示。

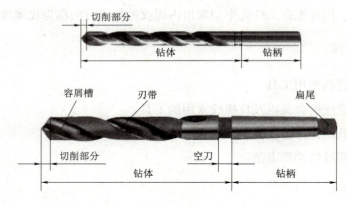

图 3.54　麻花钻

钻柄：麻花钻的夹持部分，起连接钻床主轴、定心并传递动力的作用。切削部分：产生切屑的各要素所组成的工作部分。导向部分：保持麻花钻钻孔时的正确方向。空刀：磨制麻花钻时做退刀槽用。

2. 钻孔操作要点

1）麻花钻刃磨与检查

麻花钻刃磨：在砂轮机上进行，砂轮粒度为 46# ~ 80#，中等硬度，如图 3.55 所示。

2）钻孔前的工件划线

用十字中心线和圆周线检查圆或检查方框，如图 3.56 所示。

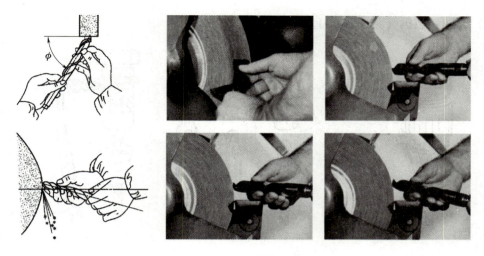

图 3.55　麻花钻刃磨

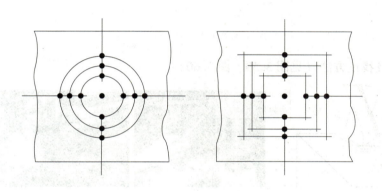

图 3.56　钻孔前的工件划线

3）工件装夹（见图 3.57）

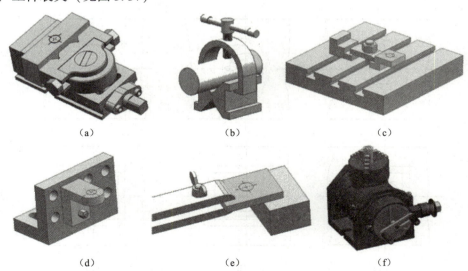

图 3.57　钻孔工件装夹

（a）平口钳；（b）V 形架；（c）垫铁；（d）压板；（e）定位块和手虎钳；（f）三爪卡盘

4）麻花钻装拆（见图3.58）

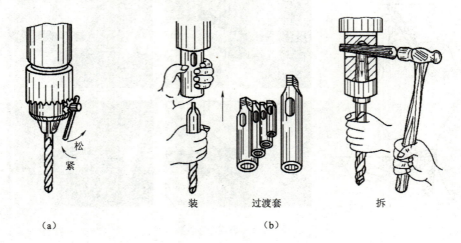

装　　　过渡套　　　拆

（a）　　　　　　　　（b）

图3.58　麻花钻装拆

（a）直柄麻花钻；（b）锥柄麻花钻

5）起钻及找正方法（见图3.59、图3.60）

图3.59　起钻方法

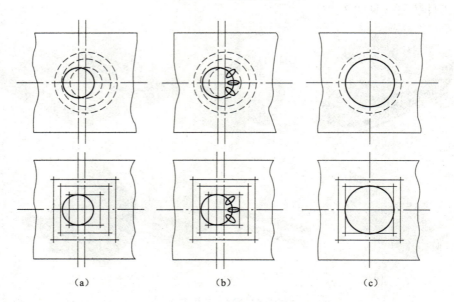

（a）　　　　　　（b）　　　　　　（c）

图3.60　起钻偏位校正方法

（a）偏离；（b）錾槽校正；（c）正确

6）手动进给操作

起钻达到钻孔位置要求时，即可按要求完成钻孔。孔要钻穿时，应减小进给量，以免钻头折断或钻孔质量降低。钻不通孔时，要检查深度。钻深孔时，要经常退刀以断屑排屑。

7）钻孔用切削液选择

（1）切削液的作用。

冷却作用：降低切削温度，减小热变形；润滑作用：减小摩擦、粘结和磨损；排屑和洗涤作用；防锈作用：与金属表面化学反应生成保护膜。

（2）切削液的种类及应用。

切削液主要有以冷却为主的水溶性切削液和以润滑为主的油溶性切削液两种。切削液的分类及适用范围如表 3.15 所示。

表 3.15　切削液的分类及适用范围

类型		主 要 组 成	性能及适用范围
水溶液	普通型	在水中添加亚硝酸钠等水溶性防锈添加剂，加入碳酸钠或磷酸三钠，使溶液微带碱性	冷却性能、清洗性能好，有一定的防锈性能，但润滑性能差。适用于粗磨、粗加工
	防锈型	在水中除添加水溶性防锈添加剂外，还加入表面活性剂、油性添加剂	冷却性能、清洗性能、防锈性能好，兼有一定的润滑性能，透明性较好。适用于对防锈性要求高的精加工
	极压型	再加入极压添加剂	有一定的极压润滑性。适用于重切削和强力磨削
油溶性切削液	矿物油	主要有 L–M 组金属加工用油、柴油、煤油等	润滑性能好，冷却性能差，化学稳定性好，透明性好。适用于流体润滑，可用于冷却、润滑系统合一的机床，如多轴自动车床、齿轮加工机床、螺纹加工机床等
	动植物油	主要有豆油、菜油、棉籽油、蓖麻油、猪油、鲸鱼油、蚕蛹油等	润滑性能比矿物油更好，但易腐化变质，冷却性能差，黏附在金属上不易清洗。适用于边界润滑，可用于攻螺纹、铰孔、拉削
	复合油	以矿物油为基础再加若干动植物油	润滑性能好，冷却性能差。适用于边界润滑，可用于攻螺纹、铰孔、拉削
	极压切削油	以矿物油为基础再加若干极压添加剂、油性添加剂及防锈添加剂等，最常用的有硫化切削油，含硫氯、硫磷或硫氯磷的极压切削油	极压润滑性能好，可代替植物油或复合油。适用于要求良好极压润滑性能的工序，如攻螺纹、铰孔、拉削、滚齿、插齿以及难加工材料的加工

（3）切削液的选用。

粗加工：粗加工时，切削用量较大，会产生大量的切削热。这时主要是要求降低切削温度，选用以冷却为主的切削液。硬质合金刀具耐热性较好，一般不用切削液。

精加工：精加工时，切削液的主要作用是减小工件表面粗糙度值和提高加工精度。可选用以润滑为主的切削液。

（4）钻孔用切削液（见表 3.16）。

钻孔一般是粗加工，钻削时钻头半封闭，摩擦严重、散热难，因此应选用以冷却为主的切削液。

表 3.16　钻孔切削液

工件材料	切　削　液
各类结构钢	3%～5%乳化液；7%硫化乳化液
不锈钢、耐热钢	3%肥皂加2%亚麻油水溶液；硫化切削油
纯铜、黄铜、青铜	不用；5%～8%乳化液
铸铁	不用；5%～8%乳化液；煤油
铝合金	不用；5%～8%乳化液；煤油；煤油与菜油的混合油
有机玻璃	5%～8%乳化液；煤油

（二）攻螺纹

1. 攻螺纹工具

丝锥：丝锥是加工内螺纹的刀具。常用丝锥的种类、结构、特点及应用如表 3.17 所示。

表 3.17　常用丝锥的种类、结构、特点及应用

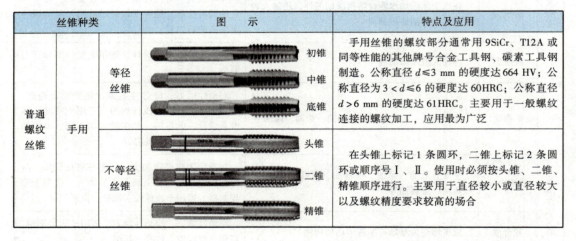

丝锥种类		图　示	特点及应用
普通螺纹丝锥	手用 等径丝锥	初锥 中锥 底锥	手用丝锥的螺纹部分通常用 9SiCr、T12A 或同等性能的其他牌号合金工具钢、碳素工具钢制造。公称直径 $d \leq 3$ mm 的硬度达 664 HV；公称直径为 $3 < d \leq 6$ 的硬度达 60HRC；公称直径 $d > 6$ mm 的硬度达 61HRC。主要用于一般螺纹连接的螺纹加工，应用最为广泛
	手用 不等径丝锥	头锥 二锥 精锥	在头锥上标记 1 条圆环，二锥上标记 2 条圆环或顺序号Ⅰ、Ⅱ。使用时必须按头锥、二锥、精锥顺序进行。主要用于直径较小或直径较大以及螺纹精度要求较高的场合

2. 丝锥的结构

如图 3.61 所示，丝锥由工作部分和柄部组成。

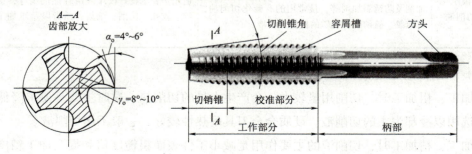

图 3.61　丝锥的结构

柄部：起夹持和传动作用；工作部分：切削锥起切削和引导的作用；校准部分起修整螺纹牙型的作用。

3. 铰杠

铰杠是指手工攻螺纹时用来夹持丝锥的工具，如图 3.62 所示。

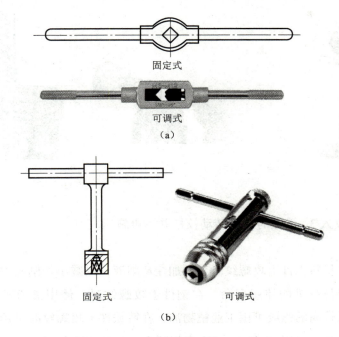

固定式

可调式

（a）

固定式　　　　可调式

（b）

图 3.62　铰杠的种类

（a）普通铰杠；（b）丁字形铰杠

4. 螺纹底孔直径的确定

加工塑性材料时：

$$d_{钻} = D - P$$

式中：$d_{钻}$——底孔钻头的直径（mm）；

　　　D——螺纹大径（mm）；

　　　P——螺距（mm）。

加工脆性材料时：

$$d_{钻} = D - （1.05 \sim 1.1）P$$

5. 钻不通孔的螺纹时的钻孔深度

钻不通孔的螺纹底孔时，由于丝锥的顶端锥度部分不能切出完整的螺纹，所以，钻孔深度要大于所需螺孔的深度，一般应增加 $0.7D$（D 为螺纹的大径）的深度。

6. 攻螺纹方法

（1）起攻方法，如图 3.63 所示。当丝锥攻入 1～2 圈时，应及时从不同的方向用直角尺仔细检查丝锥与工件表面的垂直度，并逐步校正至要求。

（2）当丝锥攻入 1 ~ 2 圈时，应及时从不同的方向用直角尺仔细检查丝锥与工件表面的垂直度，并逐步校正至要求，如图 3.64 所示。

图 3.63　起攻方法　　　　　　　　　　　　　　　图 3.64　垂直度检查

（3）当丝锥攻入 3 ~ 4 圈时，应转动铰杠并不再施压。

7. 攻螺纹用切削液选择

在塑性或韧性材料工件上攻螺纹时，要加注切削液，以减小切削阻力，减小螺纹孔的表面粗糙度值，延长丝锥的使用寿命。在钢件上攻螺纹时，使用机油或浓度较高的乳化液，对于精度要求较高的螺纹可用工业植物油；在铸铁件上攻螺纹时可用煤油；在不锈钢材料工件上攻螺纹时，可用 32 号 L - AN 全损耗系统用油或硫化油。

四、能力训练

（一）操作条件

（1）车辆拆卸钳工实训室 300 m²。

（2）车辆拆卸工作台 12 张。

（3）常用加工工具：麻花钻、丝锥、铰杠。

（二）安全及注意事项

（1）钻孔前检查钻床的润滑、调速是否良好；工作台面应清洁干净，不准放置刀具、量具等物品。

（2）操作钻床时不可佩戴手套，袖口必须扎紧，女生要戴好工作帽。

（3）工件必须夹紧牢固。

（4）开动钻床前应检查，防止钥匙或斜铁插在钻轴上。

（5）操作者的头部不能太靠近旋转的钻床主轴，停车时应让主轴自然停止，不能用手刹住，也不能反转制动。

（6）钻孔时不能用手或者棉纱或嘴吹来清除切屑，必须用刷子清除，长切屑或切屑绕在钻头上时要用钩子钩去或停车清除。

（7）严禁在开车状态下拆装工件，检查工件和变速须在停车状态下完成。

（8）清洁钻床或加注润滑油时，必须切断电源。

（三）操作过程

按照表 3.18 所示操作步骤，完成六角螺母螺纹制作。

表 3.18   六角螺母螺纹制作操作步骤

序号	步骤	操作方法	质量标准
1	钻孔	在加工好的六面体中心位置上进行钻孔操作	孔径符合规定尺寸，位置不偏移、不歪斜
2	攻螺纹	在钻好孔的六面体上进行攻丝操作	螺孔无攻歪，无滑牙，无烂牙削

（四）学习结果评价

对六角螺母螺纹制作操作进行评价，完成表 3.19 的填写。

表 3.19   六角螺母螺纹制作操作评分标准

基本信息	姓名		学号		班级		组别	
	角色	主修人员□	辅修人员□	工具管理□	零件摆放□	安全监督□	质量检验□	6S 监督□
	规定时间		完成时间		考核日期		总评成绩	
考核内容	序号	步　骤		完成情况		标准分	评分	
				完成	未完成			
	1	钻孔				30		
	2	攻螺纹				30		
6S 管理	整理、整顿、清扫、清洁、素养、安全					10		
团队协作						10		
沟通表达						10		
工单填写						10		
教师评语								

五、课后作业

1. 简述麻花钻钻孔的操作步骤。

2. 简述丝锥孔螺纹的操作步骤。

项目3 任务1
职业能力5

职业能力5　会制作发电机螺杆

职业能力要求：通过发电机的螺杆制作，了解套螺纹的方法，为后续的车辆零部件修配做准备。

一、核心概念

（1）套螺纹：指用板牙或螺纹切头加工螺纹的方法。

（2）板牙：指一个中间空的由一块或几块相互间距离可以调节的切刀组成的切割工具，用于制造外螺纹（如螺栓上的螺纹）。

二、学习目标

（1）了解套螺纹的工具。

（2）掌握套螺纹前圆杆直径的确定。

（3）理解并掌握套螺纹的操作要点和主要事项。

三、基本知识

（一）板牙

板牙可作为加工或修正外螺纹的螺纹加工工具，如图3.65所示。

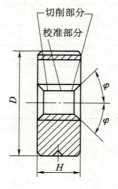
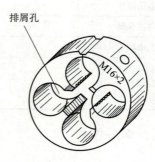

图 3.65　板牙结构

（二）板牙架

板牙架是指用以夹持板牙的手工旋转工具，如图 3.66 所示。

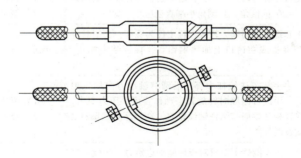

图 3.66　板牙架

（三）套螺纹前圆杆直径的确定

与攻螺纹一样，用板牙套螺纹的切削过程中也同样存在挤压作用。因此，圆杆直径应小于螺纹大径，其直径尺寸可通过下式计算得出：

$$d_{杆} = d - 0.13P$$

式中：$d_{杆}$——圆杆直径；

　　　d——螺纹大径；

　　　P——螺距。

四、能力训练

（一）操作条件

（1）车辆拆卸钳工实训室 300 m²。

（2）车辆拆卸工作台 12 张。

（3）常用绘图工具：钢直尺、划针或划规。

（4）常用锯削工具：手锯、台虎钳、板牙、板牙架。

（二）安全及注意事项

（1）套螺纹前，圆杆端部应倒成 15°～20°的锥角。

（2）圆杆应衬木板或其他软垫，在台虎钳中夹紧。

（3）套螺纹开始时，要将板牙放正，其轴心线应与圆杆轴线重合。

（4）板牙转动一圈左右要倒转 1/2 圈进行排屑。

（5）在钢件上套螺纹时要加切削液润滑。

（三）操作过程

按照表 3.20 所示操作步骤，完成螺杆制作。

表 3.20　螺杆制作操作步骤

序号	步骤	操作方法	质量标准
1	做倒角	为使板牙容易切入工件，在起套前，应将圆杆端部做成 15°～20° 的倒角，且倒角小端直径应小于螺纹小径	(1) 圆杆端部成 15°～20° 的倒角； (2) 倒角小端直径应小于螺纹小径
2	固定圆杆	由于套螺纹的切削力较大，且工件为圆杆，套削时应用 V 形夹板或在钳口上加垫铜钳口，保证装夹端正、牢固	保证装夹端正、牢固
3	起套	用一手手掌按住铰杠中部，沿圆杆轴线方向加压用力，另一手配合做顺时针旋转，动作要慢，压力要大，同时保证板牙端面与圆杆轴线垂直。在板牙切入圆杆 2 圈之前及时校正	(1) 板牙顺利切入圆杆； (2) 板牙端面与圆杆轴线垂直
4	切削	板牙切入 4 圈后不能再对板牙施加进给力，让板牙自然引进。 套削过程中要不断倒转断屑	切削套丝得到标准螺纹
5	加切削液	在钢件上套螺纹时应加切削液，以降低螺纹表面粗糙度和延长板牙寿命	套丝过程不出现卡尺或者卡顿现象

（四）学习结果评价

对螺杆制作操作进行评价，完成表 3.21 的填写。

表 3.21　螺杆制作操作评分标准

基本信息	姓名		学号		班级		组别	
	角色	主修人员□	辅修人员□	工具管理□	零件摆放□	安全监督□	质量检验□	6S 监督□
	规定时间		完成时间		考核日期		总评成绩	
考核内容	序号	步骤		完成情况		标准分	评分	
				完成	未完成			
	1	做倒角				10		
	2	固定圆杆				10		
	3	起套				10		
	4	切削				20		
	5	加切削液				10		
6S 管理	整理、整顿、清扫、清洁、素养、安全					10		
团队协作						10		
沟通表达						10		
工单填写						10		
教师评语								

五、课后作业

1. 出现螺纹歪斜的原因有哪些？

2. 出现螺纹烂牙的原因有哪些？

3. 出现板牙崩齿或磨损太快的原因有哪些？

4. 出现螺纹表面粗糙度超差的原因有哪些？

5. 出现螺纹中径超差的原因有哪些？

工作任务 2

汽车常用材料认知

汽车车身结构材料如图 3.67 所示。

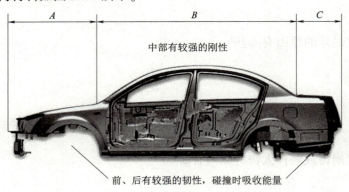

图 3.67　汽车车身结构材料

项目 3 任务 2
职业能力 6

职业能力 6　汽车常用材料认知

职业能力要求：通过汽车常用材料的学习，了解汽车各种材料的性能和应用，对后续的车辆零部件装配制作提供帮助。

一、核心概念

（1）塑性：是指金属材料受到外力作用时产生显著的永久性变形而不断裂的能力，常用伸长率 δ 和断面收缩率 ψ 表示。

（2）疲劳：是指金属零件长期在交变载荷作用下工作，突然发生断裂的现象。

二、学习目标

（1）了解汽车金属材料的使用特性。
（2）会选用汽车常用材料。

三、基本知识

（一）金属材料基础知识

1. 金属材料的力学性能

（1）强度：金属材料的强度是指金属材料在外力作用下抵抗变形和破坏的能力，所以又有抗拉强度和屈服点之分。抗拉强度是金属材料在受拉时抵抗被拉断的能力，其代号为 σ_b，单位是兆帕（MPa）。屈服点是金属材料在受拉时抵抗产生明显的永久性变形的能力，其代号为 σ_s，单位是兆帕（MPa）。

（2）塑性：塑性是指金属材料受到外力作用时产生显著的永久性变形而不断裂的能力，常用伸长率 δ 和断面收缩率 ψ 表示。它们分别表示材料受拉时的长度变形和截面变形，以百分比表示。

（3）韧性：韧性是指金属材料抵抗冲击而不致断裂的能力，常用冲击韧度 d_k 表示，单位是焦耳/平方厘米（J/cm^2）。

（4）疲劳：疲劳是指金属零件长期在交变载荷作用下工作时突然发生断裂的现象。疲劳强度是指金属材料在无限多次交变载荷作用下，而不致发生断裂的最大应力。

（5）硬度：硬度是指金属材料抵抗局部变形、压痕或划痕的能力，一般以布氏硬度（HB）和洛氏硬度（HR）表示。

2. 金属材料的工艺性能

（1）铸造性能：金属材料铸造成型获得优良铸件的能力称为铸造性能，用流动性、收缩性和偏析来衡量。被铸物质最初多为固态但加热至液态的金属，如铜、铁、锡等，铸模的材料可以是沙、金属甚至陶瓷。

（2）锻造性能：工业革命前锻造是普遍的金属加工工艺，马蹄铁、冷兵器、铠甲均由各国的铁匠手锻造，金银首饰加工、金属包装材料是锻造与冲压的总和。金属材料用锻压加工方法成型的适应能力称为锻造性能。锻造性能主要取决于金属材料的塑性和变形抗力。塑性越好，变形抗力越小，金属的锻造性能越好。高碳钢不易锻造，高速钢更难。

（3）焊接性能：金属材料对焊接加工的适应性能称为焊接性能。也就是在一定的焊接工艺条件下，获得优质焊接接头的难易程度。钢材的含碳量高低是焊接性能好坏的主要因素，含碳量和合金元素含量越高，焊接性能越差。

（4）切削加工性能：切削加工性能一般用切削后的表面质量（用表面粗糙程度高低衡量）和刀具寿命来表示。金属材料具有适当的硬度和足够的脆性时切削性良好。改变钢的化学成分（如加入少量铅、磷等元素）和进行适当的热处理（如低碳钢进行正火，高碳钢进行球化退火）可以提高钢的切削加工性能。

（5）热处理工艺性能：钢的热处理工艺性能主要考虑其淬透性，即钢接受淬火的能力。含锰、铬、镍等元素的合金钢淬透性比较好，碳钢的淬透性较差。铝合金的热处理要求较严，铜合金只有几种可以熔热处理、强化。三国时诸葛亮带兵打仗，请当时的著名工匠蒲元为他造了 3 000 把钢刀，蒲元用的就是热处理工艺，经过千锤百炼，使钢刀削铁如泥，从而大败敌军。

（二）汽车常见金属材料性能

1. 钢

钢是含碳量小于 2.11 % 的铁碳合金，是使用最广泛的金属材料。钢的种类很多，按有没有加入碳以外其他元素，可分为碳素钢和合金钢两大类。按碳含量多少又可分为低碳钢（$w_C = 0.06\% \sim 0.25\%$）、中碳钢（$w_C = 0.26\% \sim 0.55\%$）和高碳钢（$w_C = 0.60\% \sim 1.03\%$）。

1）碳素钢

碳素钢常分为碳素钢结构钢和优质碳素钢结构钢两种类型。

（1）碳素钢结构钢。

①牌号：由代表屈服点的字母、屈服点的数值、质量等级符号、脱氧方法符号等 4 个部分按顺序组成，如 Q235 - AF。牌号中："Q"是钢材屈服点"屈"字汉语拼音首位字母，"235"表示屈服点为 235 MPa，"A"表示质量等级为 A，"F"表示沸腾钢。

②用途：Q195、Q215A（B）、Q235A（B）常用于制造受力不大、不重要也不复杂的零件，如螺钉、螺母、垫圈、推杆、制动杆、车轮轮毂等。

（2）优质碳素钢结构钢。

①牌号：由两位数表示，表示钢平均含碳量的万分之几。如钢号"30"表示钢中含碳量为 0.03%。含锰量高的优质碳素钢结构钢还应将锰元素符号在钢号后表示出来，如 15Mn、45Mn 等。优质碳素钢常用牌号有 15Mn、20Mn、25Mn、35Mn、45Mn、60Mn、65Mn 等。

②用途分类，如表 3.22 所示。

表 3.22　碳素钢主要用途分类

钢　　号	主要性能	应用举例
08F、10、10F、15、20、25	良好的塑性、韧性、可焊性和冷加工成型性。由于含碳量低，可用作渗碳件	制造冲击件（制动气室外壳、消声器外壳）、焊接件及渗碳件（齿轮、凸轮、拉杆）、紧固零件（螺栓、垫圈、铆钉等）
30、35、40、45、50、55	强度较高，并有一定的塑性和韧性。可焊接性较差，使用时大都是经调质处理	制造负荷较大的淬硬调质零件，如连杆、曲轴、机油泵传动齿轮、活塞销、凸轮等
60、65、70、75	强度、硬度高，塑性、韧性差，经淬火和中温回火后弹性好	用于截面尺寸较大而且比较重要的弹簧、轴、销等的制造

2）合金钢

向碳钢中加入一种或多种适量合金元素，以改善钢的某种性能，称其为合金钢。碳钢中加入的合金元素有 Si、Mn、Cr、W、V、Mo、Ti 等。

①牌号：合金结构钢的牌号用"两位数字 + 元素符号 + 数字"表示。前面两位数字表示钢中含碳量是万分之几，元素符号表示所含合金元素，后面数字表示合金元素平均含量的百分数。

②用途：合金结构钢 40Cr，常用作重要调质件，如气门、气缸盖螺栓、车轮螺栓、半轴和重要齿轮等；18CrMnTi，常用来制造变速器齿轮、主传动锥齿轮；40MnB，可代 40Cr 钢作转向节、半轴、花键轴等；60Si2Mn，用来制造钢板弹簧等。

2. 铸铁

铸铁的含碳量在 2.11% 以上，工业用铸铁一般含碳量为 2.5% ~ 3.5%。碳在铸铁中多以石墨形态存在，有时也以渗碳体形态存在。铸铁具有良好的可铸性、耐磨性和切削性。凡力学性要求不高、形状复杂、锻造困难的零件，多用铸铁制造，如气缸套、后桥壳、飞轮、制动鼓等。常用铸铁材料及其用途如表 3.23 所示。

表 3.23　常用铸铁材料

名称	牌号说明	主要性能	用途
灰铸铁	由 "HT" 及后面的一组数字组成，数字表示其最低抗拉强度	脆性大，塑性差，焊接性差，铸造性好，易切削。具有消振和润滑作用	制造气缸体、气缸盖、飞轮和制动鼓
球墨铸铁	由 "QT" 和两组数字组成，分别表示最低抗拉强度和伸长率	强度较高，韧性比灰铸铁有较大改善。有较良好的铸造性、耐磨性、减振性和切削性	制造曲轴、凸轮轴和前、后桥壳
可锻铸铁	由 "KTH" "KTB" "KTZ" 及两位数字组成，"KT" 是可锻铸铁的代号，"H" "B" "Z" 分别表示 "黑心" "白心" 及球光体，两位数字的含义同球墨铸铁	具有较高的塑性和韧性，强度较好，能承受一定的冲击载荷。但铁水流动性差，铸造工艺较复杂	制造桥壳、轮、制动踏板、活塞环、齿轮轴、摇臂、转向机构等

3. 常用有色金属

镁、铝、铜、锌、铅等及其合金称为有色金属。有色金属具有某种特性，如导热性、导电性好，密度小而强度高，耐腐蚀性好等。

1）铝及铝合金

纯铝：铝是银白色的金属，熔点低于 660 ℃，具有良好的导电性和导热性。我国工业纯铝的牌号是按其纯度编制的，如 L1、L2、L3 等，为 "铝" 字的汉语拼音字首，编号数字越大，纯度越低。

铝合金：纯铝加入 Si、Cu、Mg、Mn 等合金元素后，可得到强度较高，耐腐蚀性较好的铝合金。铝合金分为形变铝合金（或称压力加工铝合金）和铸造铝合金两类。

（1）形变铝合金：适用于压力加工的铝合金称为形变铝合金。常用形变铝合金的牌号和用途如下。

①防锈铝合金：用 "LF" 加顺序号表示，如 LF5、LF11 等，用作制造热交换器、壳体等。

②硬铝合金：用 "LY" 加顺序号表示，如 LY1、LY11 等，在飞机制造中应用较广泛。

③锻造铝合金：用 "LD" 表示，用于制造高温件，如活塞、气缸盖等。

（2）铸造铝合金：用来制作铸件的铝合金称为铸造铝合金。铸造铝合金的牌号由铝及主要合金元素的化学符号组成，主要合金元素后面跟有表示其名义百分量的数字。

铸造铝合金的代号用汉语拼音字母 "ZL" 与 3 个数字组成，ZL 后面第 1 个数字表示合金类别，1 表示铝硅合金，2、3、4 分别表示铝铜、铝镁和铝锌合金。铝硅合金常用来制造内燃机活塞、气缸体、水冷的气缸头、气缸套、风扇叶片及各种电动机和仪表外壳等。

2）铜及铜合金

（1）纯铜：纯铜外观呈紫红色，故称紫铜，熔点为 1 083 ℃。工业纯铜的牌号为 T1、T2、T3。"T" 为铜的汉语拼音字头，数字为编号，数字越大则纯度越低。

（2）铜合金：铜合金有黄铜、青铜和白铜 3 种。黄铜是以锌为主要合金元素的铜合金，又称为普通黄铜。黄铜主要用来制作导管、冷凝器、散热片及导电、冷冲、冷挤零件和各种结构零件。

（3）青铜：铜与锡的合金。现在除铜锌合金的黄铜与同镍合金的白铜外，铜与其他元素所组成的合金均称为青铜。青铜主要用于制造轴承、轴套等耐磨零件和弹簧等弹性元件。

表 3.24 列出了汽车上常用的有色金属材料，如黄铜、青铜等的用途。

表 3.24　汽车上常用的有色金属材料

名　称	用　途
黄铜（H）	制造散热器管、油管接头、化油器零件、转向节衬套、连接衬套、钢板销衬套、离合器与制动踏板轴衬套等
青铜（Q）	制造衬垫、防水开关、活塞销衬套、变速器常啮合齿轮衬套、轴承、轴承套
铸造铝合金（ZL）	制造活塞、气缸体、气缸盖等
锡基轴承合金	制造轴瓦、轴衬
高锡铝基轴承合金	制造轴瓦、轴衬

（三）汽车常用结构钢

1. 汽车齿轮用钢

齿轮钢主要用于生产制造汽车变速箱轴、齿类零件，汽车驱动桥差速器主从动齿、星形齿、半轴齿轮，转向器蜗轮、蜗杆、齿条，发动机正时齿轮等。

（1）主要性能要求：零件要求具有良好的抗弯曲疲劳、接触疲劳性能；良好的抗冲击载荷的能力；表面有良好的抗高压和耐磨性能。

（2）齿轮钢主要制造工艺流程：热轧钢（下料）—锻造—锻坯热处理—切削加工—渗碳（或碳氮共渗）—喷丸—磨内孔或珩磨齿—检验—成品。

（3）齿轮钢的工艺性能要求：锻造性能（热顶锻试验）—热成型能力；切削加工性能—切削效率、刀具磨损、刀具寿命；热处理工艺性能—渗碳速度、变形、晶粒度、淬透性。

（4）齿轮钢的应用，如表 3.25 所示。

表 3.25 齿轮钢的应用

Cr 系	SCr415、SCr420、37CrS4	丰田、本田、日产系列车,夏利、桑塔纳
Cr – Mn 系	20CrMnTi、16MnCr5、20MnCr5、25MnCr5、28MnCr5	一汽、东风商用车、捷达、奥迪、桑塔纳、富康、标致
Cr – Mn – B	ZF6、ZF7	斯太尔、綦江齿轮
Cr – Mo	20CrMoH、22CrMoH、27CD4、SCM822H、SCM420H	东风商用车、一汽变速箱
Cr – Ni – Mo	SAE8620、SAE8627、17CrNiMo6、21CrNiMo5H	伊顿、依维柯、一汽商用车

2. 汽车用弹簧钢

(1) 弹簧钢的主要用途:生产制造汽车钢板弹簧、汽车扭力杆、螺旋弹簧、气阀弹簧等。

主要弹簧钢:

中国:65Mn、60Si2MnA、60Si2Mn – mode、52CrMnB、50CrVA、55SiMnVB、60CrMnB 等;

日本:SUP6、SUP7、SUP9、SUP11、SUP11A;

美国:9260、6150、5155;

德国:60SiMn5、55Si7、60SiCr7、55Cr3、50CrV4。

(2) 汽车钢板弹簧的主要性能要求。

①具有较高的抗拉强度、弹性极限和疲劳强度,具有较高的抗弹减、松弛稳定性能。

②表面质量——不允许表面存在划痕、裂纹、脱碳层等缺陷,重要弹性零件要求材料表面要剥皮,除去表面缺陷。

③材料应有足够的淬透性,保证热处理后能完全淬透。

④要有良好的工艺性能,使材料在冷、热状态下易剪切、冲孔、弯曲、绕卷成型。

(3) 弹簧钢的主要应用,如表 3.26 所示。

表 3.26 弹簧钢的应用

车型	材料牌号	规格/mm	主要技术要求
桑塔纳	50CrV4、DIN17221	$\phi10.75 \pm 0.2$ $\phi12.6 \pm 0.2$	表面磨光,$\sigma_b = 1\,370 \sim 1\,670$ MPa; $\sigma_s = 1\,170$ MPa、夹杂物评级 $K_4 \leqslant 30$
夏利	SAE9254	$\phi9.3 + 0.2$	表面磨光,无划痕、结疤; $\sigma_b = 1\,800 \sim 1\,960$ MPa
奥迪	50CrV4、	$\phi14.3$、$\phi15$	
富康	50CrV4、55SiCr7	$\phi11 \sim 18 + 0.04$	表面磨光,不允许有裂纹、脱碳、划伤、麻点、锈蚀等
切诺基	SAE9260 或 SAE5160	$\phi13.2 - 0.08$	表面磨光;脱碳层含碳量不小于 0.50%,表面深度 $\leqslant$ 0.127 mm

（4）表面缺陷对某型汽车弹簧总成疲劳寿命的影响（板弹簧），如表 3.27 所示。

表 3.27　弹簧钢的疲劳寿命

有表面缺陷的弹簧		无表面缺陷的弹簧	
总成编号	疲劳次数（$\times 10^4$）	总成编号	疲劳次数（$\times 10^4$）
1—1	40.56	2—1	88.14
1—2	27.45	2—2	47.13
1—3	20.50	2—3	18.59
1—4	21.24	2—4	28.99
1—5	25.61	2—5	94.39
平均	27.61	平均	55.45

3. 非调质钢

（1）工艺流程。

调质钢：下料—热锻—调质—机加工—成品；

非调质钢：下料—热锻—机加工—成品。

（2）非调质钢的主要优点。

①非调质钢采用微合金化技术，通过控轧控冷或控锻控冷，使零件的强度水平达到或接近调质钢的强度水平。

②非调质钢省去调质热处理，节能效果显著。

③非调质钢毛坯件避免了调质热处理过程中的变形、开裂，无须探伤、校直等工序。

④非调质钢具有良好的加工性能。

（3）非调质钢的主要用途。

非调质钢目前主要用于生产汽车曲轴、连杆、前轴、转向节、花键轴等零件。

国内主要非调质钢：

曲轴——48MnV、49MnV、C38N2、S45CV5、40MnVS 等；

连杆——38MnVS、35MnVS、30MnVS、43MnS 等；

前轴——12Mn2VB 等。

（四）汽车钣金常用非金属材料

1. 塑料

（1）塑料的组成及特性。

①密度小，吸水率低。

②化学稳定性好。

③比强度高。

④良好的绝缘性。

⑤良好的耐磨、减摩和自润滑性能。

⑥良好的吸振性能。

（2）塑料的分类，如表 3.28 所示。

表 3.28　塑料的分类

类别	特性	典型品种	代号	用途
通用塑料	原料来源丰富，产量大，应用广，价格便宜，容易加工成型，性能一般，可作为日常生活用品和包装材料	聚氯乙烯	PVC	塑料管、板、棒、容器、薄膜及日用品
		聚乙烯	PE	可包装食物的塑料瓶、带、吸管等
		聚丙烯	PP	电视机外壳、电风扇与管道等
		聚苯乙烯	PS	透明窗、眼镜、灯罩、光学器件
		酚醛塑料	PF	电器绝缘板、摩擦材料、电木制品
		脲醛塑料	UF	玩具、开关、纽扣等
工业塑料	有优异的电性能、力学性能、耐冷耐热性能、耐腐蚀性能，可代替金属材料制造机械零件及工程构件	聚酰胺	PA	齿轮、凸轮、轴、轴套等尼龙制品
		ABS 塑料	ABS	泵叶轮、轴承、把手、冰箱外壳
		聚碳酸酯	PC	汽车外壳、医疗器械、防弹玻璃
		聚甲醛	POM	轴承、齿轮、仪表外壳
		有机玻璃	PMMA	飞机机窗、汽车风窗、窥视镜等
		聚四氟乙烯	PTFE	轴承、活塞环、防水薄膜密封件级不粘涂层

（3）汽车钣金常用塑料及其制品。

①聚氯乙烯（PVC）；

②聚苯乙烯；

③低压聚乙烯；

④ABS 塑料；

⑤聚丙烯；

⑥有机玻璃；

⑦尼龙和聚甲醛；

⑧聚四氟乙烯；

⑨聚苯醚；

⑩泡沫塑料。

2. 橡胶

橡胶分为通用橡胶和特殊橡胶，它们的主要特点及用途如表 3.29 所示。

表 3.29　橡胶的类别、特点及用途

类别	名称	代号	主要特点	使用温度/℃	用途举例
通用橡胶	天然橡胶	NR	综合性能好，抗撕性、加工性良好。缺点是耐油性和耐溶剂性差，耐臭氧性、老化性差	−70～110	用于制造轮胎、胶带、胶管、胶鞋及通用橡胶制品

续表

类别	名称	代号	主要特点	使用温度/℃	用途举例
通用橡胶	丁苯橡胶	SBR	优良的耐磨、耐热、耐老化性，比天然橡胶质地均匀。加工成型困难，硫化速度慢，弹性稍差	−50 ~ 140	用于制造轮胎、耐寒运输带及耐寒用品。用于制造硬质橡胶
	顺丁橡胶	BR	性能与天然橡胶相似，弹性好，耐磨和耐寒性好，易于与金属黏合	≤120	用于制造轮胎、耐寒运输带及橡胶弹簧
	氯丁橡胶	CR	力学性能好，耐氧、耐老化、耐油、耐溶剂性好。但密度大，成本高、电绝缘性差、较难加工成型	−30 ~ 130	用于制造胶管、胶带、电缆胶黏剂、汽车门窗嵌条等
特殊橡胶	聚氨酯橡胶	UR	耐磨、耐油性良好，强度较高。但耐水、耐酸碱性能差	≤80	用于制作胶辊实心轮胎及耐磨制品
	硅橡胶	SIR	优良的耐高温、耐低温性能，电绝缘性好，较好的耐老化性，但强度低、价格高，耐油性差	−100 ~ 300	用于制造耐高温、耐寒电绝缘制品，用于电器仪表固定与密封
	氟橡胶	FPM	耐高温、耐油、耐氟利昂、耐腐蚀性好于其他橡胶，抗辐射性能好，但加工性能差，价格高	−50 ~ 315	用于制造耐腐蚀制品、空调系统的必要密封件、高真空密封件等

3. 无机非金属材料

1）玻璃

（1）夹层玻璃：夹层玻璃是指在两块厚 2 ~ 2.5 mm 的玻璃之间加上一层厚 0.38 ~ 0.76 mm 的聚乙烯醇缩丁醛（PVB）中间膜以后热压而成的一种玻璃。

（2）钢化玻璃：将玻璃加热至 650 ℃，用高速气流急剧冷却，从而在玻璃表面上形成残余的压应力层（约 100 MPa），使玻璃得到强化。

2）陶瓷

（1）陶瓷材料具有的性能

①力学性能。与金属相比，陶瓷具有很高的弹性模量和硬度，抗压强度高，但脆性大、韧度小、抗拉强度很低。

②热性能。

③化学性能。

④电性能。

⑤特殊功能。

（2）陶瓷在汽车上的应用

①陶瓷在汽车制造业上用作切削刃具。

②碗状微孔陶瓷可作汽油滤清器芯。

③将氧化锆或氧化钛制成微孔陶瓷元件，制成氧化锆型和氧化钛型氧传感器，为 ECU 提供发动机尾气排放中氧分子含量的信息，以便 ECU 调整向发动机的供油量，确保尾气排放清洁。

（3）制作三元催化转换器。

（4）制作火花塞。

（五）复合材料

1. 复合材料的组成和分类

（1）纤维增强复合材料：这类复合材料是以石棉纤维、玻璃纤维、碳素纤维做增强相，复合塑料、树脂、橡胶和金属为基体相的材料而制成。

（2）层叠复合材料：层叠复合材料由两层或两层以上不同材料复合而成。

（3）颗粒复合材料：颗粒复合材料是由一种或多种颗粒均匀地分布在基体相内形成的。

2. 常用纤维增强复合材料

（1）玻璃纤维–树脂复合材料：这类材料是以玻璃纤维为增强相，以树脂为黏结剂而制成，俗称玻璃钢。

（2）碳纤维增强树脂基复合材料：是以碳纤维为增强体，树脂为基体的复合材料，树脂一般分为热固性和热塑性两大类，其中热固性的树脂成本低，与碳纤维复合后生产工艺稳定成熟，应用得比较多。常用的热固性树脂基有环氧树脂、双马来酰亚胺树脂、聚酰亚胺树脂以及酚醛树脂等；常用的热塑性树脂基有聚乙烯、尼龙、聚四氟乙烯以及聚醚醚酮。

碳纤维增强树脂基材料始于20世纪60年代，作为新型材料中的一种，碳纤维增强树脂基复合材料的性能优势尤为突出。比如：

①具有低密度和高比强度。碳纤维增强树脂基复合材料密度仅为钢材的1/5，钛合金的1/3，其比强度是高强度钢、超硬铝、钛合金的4倍左右，玻璃钢的2倍左右，比模量是它们的3倍。

②具有良好的耐疲劳性能。在静态下，钢材所能承受的极限强度只有50%左右，但碳纤维增强树脂复合材料可以在经过100多次循环测试后还能承受高达90%的极限强度应力。

③具有良好的耐磨耐压性能，耐水性、耐腐蚀性优良。

④具有近乎为"0"的热膨胀系数，导电性能与电磁屏蔽性能良好。

根据制备需求，碳纤维复合材料大致可以分为短切纤维和连续纤维两种类型。其中采用连续性纤维增强的复合材料机械性能更好，但由于成本较高，暂时不能实现大规模的生产，短切纤维复合材料与连续纤维复合材料相比，机械性能稍微逊色，但也可采用模压成型、注射成型和挤出成型等工艺。因此，出于成本控制和机械性能的双重考虑，需要在设计前期选择合适的原材料。

碳纤维增强树脂基材料起初大规模地应用在航空航天领域，比如卫星的太阳翼、空间望远镜的筒身、航天飞机的舱门等；随着航空航天技术的不断发展，民用飞机也开始广泛地应用，比如整流包皮、起落架舱门、垂直与水平方向的尾翼等；目前碳纤维的制造成本和生产工艺都得到了很好的发展，汽车制造、海底油田、土木建筑、体育器材等都不断地出现了碳纤维身影。

四、能力训练

（一）操作条件

（1）金相基础实验室。

（2）金相光学显微仪 5 台、硬度测量仪 5 台。

（3）常用绘图工具：钢直尺、纸、铅笔、划针或划规等。

（二）安全及注意事项

（1）实验课不得迟到、早退、无故缺席。

（2）进入实验室前应认真阅读实验指导书，弄清实验目的，明确实验要求。

（3）进入实验室后不准喧哗、吵闹。

（4）实验记录本或记录纸应保持完整、清洁。

（5）记录要保持及时、真实、准确、完整，防止漏记和随意涂改。

（三）操作过程

按照表 3.30 所示操作步骤，完成金属材料查询操作。

表 3.30　金属材料查询步骤

序号	步　骤	操作方法	质量标准
1	查阅相应车辆材料资料		
2	说出 5 种不同车辆结构件的材料		
3	说出不同车辆结构件的材料选用原则		

（四）学习结果评价

对金属材料查询操作进行评价，完成表 3.31 的填写。

表 3.31　金属材料查询操作评分标准

基本信息	姓名		学号		班级		组别		
	角色	主修人员□	辅修人员□	工具管理□	零件摆放□	安全监督□	质量检验□	6S 监督□	
	规定时间		完成时间		考核日期		总评成绩		
考核内容	序号	步　骤		完成情况		标准分	评分		
				完成	未完成				
	1	查阅相应车辆材料资料				20			
	2	说出 5 种不同车辆结构件的材料				20			
	3	说出不同车辆结构件的材料选用原则				20			

续表

6S 管理	整理、整顿、清扫、清洁、素养、安全		10	
团队协作			10	
沟通表达			10	
工单填写			10	
教师评语				

五、课后作业

（一）填空题

1. 力学性能指标主要包括_____、_____、_____、_____ 和_____ 等。

2. 普通黄铜仅由铜和_____两种元素组成。

3. 碳素钢按钢的质量等级可分为_____、_____、_____。

（二）选择题

1. 调质处理是指（　　）的热处理。

A. 淬火＋高温回火　　B. 淬火＋中温回火　　C. 淬火＋低温回火

2. 用拉伸试验可以测定材料的（　　）性能指标。

A. 强度　　　　　　B. 硬度　　　　　　C. 韧性　　　　　D. 疲劳强度

3. 下列碳钢中，硬度最高的是（　　）。

A. 低碳钢　　　　　　B. 中碳钢　　　　　C. 高碳钢

4. 低温回火的主要目的是（　　）。

A. 保持高的硬度和耐磨性　　B. 获得较高的弹性　　C. 获得良好的综合机械性能

（三）问答题

1. 铸铁和碳钢对比，在机械性能上有什么优点和缺点？

2. 疲劳破坏往往是突然发生的，具有很大的危险性。为了防止疲劳破坏，有哪些提高零件疲劳强度的方法？

附表 1：标准公差的数值表（摘自 GB/T 17852—2018）

基本尺寸/mm 大于	至	标准公差等级																	
		IT1	IT2	IT3	IT4	IT5	IT6	IT7	IT8	IT9	IT10	IT11	IT12	IT13	IT14	IT15	IT16	IT17	IT18
		μm										mm							
—	3	0.8	1.2	2	3	4	6	10	14	25	40	60	0.1	0.14	0.25	0.4	0.6	1	1.4
3	6	1	1.5	2.5	4	5	8	12	18	30	48	75	0.12	0.18	0.3	0.48	0.75	1.2	1.8
6	10	1	1.5	2.5	4	6	9	15	22	36	58	90	0.15	0.22	0.36	0.58	0.9	1.5	2.2
10	18	1.2	2	3	5	8	11	18	27	43	70	110	0.18	0.27	0.43	0.7	1.1	1.8	2.7
18	30	1.5	2.5	4	6	9	13	21	33	52	84	130	0.21	0.33	0.52	0.84	1.3	2.1	3.3
30	50	1.5	2.5	4	7	11	16	25	39	62	100	160	0.25	0.39	0.62	1	1.6	2.5	3.9
50	80	2	3	5	8	13	19	30	46	74	120	190	0.3	0.46	0.74	1.2	1.9	3	4.6
80	120	2.5	4	6	10	15	22	35	54	87	140	220	0.35	0.54	0.87	1.4	2.2	3.5	5.4
120	180	3.5	5	8	12	18	25	40	63	100	160	250	0.4	0.63	1	1.6	2.5	4	6.3
180	250	4.5	7	10	14	20	29	46	72	115	185	290	0.46	0.72	1.15	1.85	2.9	4.6	7.2
250	315	6	8	12	16	23	32	52	81	130	210	320	0.52	0.81	1.3	2.1	3.2	5.2	8.1
315	400	7	9	13	18	25	36	57	89	140	230	360	0.57	0.89	1.4	2.3	3.6	5.7	8.9
400	500	8	10	15	20	27	40	63	97	155	250	400	0.63	0.97	1.55	2.5	4	6.3	9.7

参 考 文 献

［1］唐天广. 汽车维修技术［M］. 北京:高等教育出版社,2016.

［2］廖念钊,古莹菴. 互换性与技术测量［M］. 北京:中国质检出版社,2012.

［3］郑劲,黄义仿. 汽车机械基础(上册)［M］. 北京:北京交通大学出版社,2022.

［4］刘兴国. 机械制图［M］. 北京:化学工业出版社,2021.

［5］李年芬,刘晓军. 汽车零部件识图［M］. 北京:化学工业出版社,2017.

［6］胡建生. 机械制图［M］. 北京:机械工业出版社,2020.

［7］杜继清. 钳工［M］. 北京:人民邮电出版社,2012.

［8］职业技能签定课程组. 钳工(初级、中级、高级)——职业技能鉴定教材［M］. 2 版. 中国劳动社会保障出版社,2014.

［9］袁志钟. 金属材料学［M］.3 版. 北京:化学工业出版社,2019.